うたのレパートリー

保育現場から小学校までうたいつなぐ歌230

監修・編著

木許　隆

圭文社

はじめに

　「幼稚園教育要領」は、幼稚園における教育課程を作成するための基本となるものです。そして、現行（平成 29 年改訂・告示）の「幼稚園教育要領」では、幼稚園を学校教育の始まりとして、子どもの成長を助け、その後の学校教育の基礎を培う場として扱っています。また、「保育所保育指針」、「幼保連携型認定こども園教育・保育要領」とともに、３歳から５歳児修了までの期間、共通の教育を受けられるようになりました。つまり、保育内容の五つの領域は、幼児教育の中で共通のものになりました。

　三つの法令は、「幼児期の終わりまでに育ってほしい姿」をあげ、小学校、中学校、高等学校の「学習指導要領」へと繋ごうとしています。そして、「高等学校を卒業するまでに子どもたちが身につけておくべきは何か」という観点や「義務教育を終える段階で身につけておくべき力は何か」という観点をもとに、小学校以降の「学習指導要領」と共通した考え方をもって整理・編成されています。

　保育者、保育者を目指す学生は、三つの法令の内容を十分に理解し、子どもに接することはもちろんとして、子どもがどのように成長していくのかを見通した保育を行わなければなりません。「これまでと同じように」や「これまでを踏襲して」という言葉が、現代の保育に相応しくない言葉となっているのではないでしょうか。

　音楽は、保育内容「表現」の領域に深く関係します。特に、五つの活動（うたう・きく・ひく・うごく・つくる）は、音楽的な表現活動を促すために重要なものとされてきました。これからは、隣接する領域とも深く関係性を保ちながら展開されることをお勧めしたいと思います。

　本書では、幼児教育でよく用いられる曲だけでなく、より幼い子どもがうたえる曲、昔から伝わる曲、幼児教育を終えた子どもが小学校に入学してから学ぶ曲などを選曲しました。そして、作曲者の意図をくずさないよう原調にこだわり、和音進行の変更やピアノ伴奏のポジション移動を少なくした編曲を行いました。

　本書が、保育現場や教育現場で活用され、子どもの笑顔を引きだす音楽活動の一助になりましたら嬉しいかぎりです。

　2021年 夏

　　　　　　　　　　　　　　　　　　　　　　　　　　　木 許　　隆

目　次

※曲順は、原則50音順ですが、レイアウトの関係上、順番が前後します。

目　次

※曲順は、原則50音順ですが、レイアウトの関係上、順番が前後します。

5

目　次

※曲順は、原則50音順ですが、レイアウトの関係上、順番が前後します。

※曲順は、原則50音順ですが、レイアウトの関係上、順番が前後します。 # 目　次

目　次

※曲順は、原則50音順ですが、レイアウトの関係上、順番が前後します。

あおいそらにえをかこう

一樹和美　作詞
上柴はじめ　作曲
木許　隆　編曲

演奏のポイント

　この曲に出てくるかけ声「エイ！ヤッ！」は、応援や激励の意味をこめてかけましょう。元気なかけ声になることは良いですが、叫ぶような声や怒鳴るような声にならないよう注意しましょう。

青い眼の人形

野口雨情　作詞
本居長世　作曲
木許　隆　編曲

子どもと音楽　青い眼の人形

　青い眼の人形は、アメリカ人宣教師のS.ギューリック（Sidney Lewis Gulick：1860－1945）が、1888年に日本を訪れ、「日米友好のために人形を送ろう」と呼びかけたことによって全米から集められたものをさしています。

赤い靴

野口雨情　作詞
本居長世　作曲
木許　隆　編曲

13

赤い鳥小鳥

北原白秋　作詞
成田為三　作曲
木許　隆　編曲

演奏のポイント

　この曲は、小鳥に語りかけるようにうたいましょう。また、小鳥や小鳥が食べた木の実をさまざまな色に変化させて楽しみましょう。

楽曲紹介　赤い鳥小鳥

　この曲は、児童雑誌『赤い鳥』1918年10月号に掲載された北原白秋（きたはらはくしゅう：1885−1942）の詩に成田為三（なりたためぞう：1893−1945）が曲をつけ、同誌1920年4月号で発表されました。この詩には、成田のほか宮原禎次（みやはらていじ：1899−1976）、渡邊浦人（わたなべうらと：1909−1994）らも曲をつけていますが、成田の曲が最も有名になりました。

　また、北原は、『お話・日本の童謡（1924）』の中で、「赤い鳥、白い鳥、青い鳥」につづけて「黒い鳥 小鳥。なぜなぜ黒い。黒い実をたべた。黄色い鳥 小鳥。なぜなぜ黄いろい。黄いろい実をたべた。」とうたっても良いと記しています。

作曲者紹介　成田 為三（なりたためぞう：1893−1945）

　成田為三は、秋田県出身の作曲家です。秋田師範学校（現：秋田大学）で西洋音楽にふれ、東京音楽学校（現：東京藝術大学）へ進学しました。東京音楽学校では、ドイツから帰国したばかりの山田耕筰（やまだこうさく：1886−1965）に作曲を学び、大正、昭和前期を代表する作曲家になりました。特に、合唱曲、輪唱曲、器楽曲の作曲に力を注ぎましたが、林　古渓（1875−1947）作詞の「浜辺の歌」に曲をつけたことで有名になりました。

赤い花　白い花

中林ミエ 作詞・作曲
木許 隆 編曲

演奏のポイント

この曲に出てくる「あのひと」の部分を、友だちの名前に替えてうたっても良いでしょう。

赤い帽子 白い帽子

武内俊子 作詞
河村光陽 作曲
木許 隆 編曲

作詞者紹介　武内 俊子（たけうちとしこ：1905−1945）

　武内俊子は、広島県出身の童謡詩人・童話作家です。1925年、結婚のために上京します。その後、野口雨情（のぐちうじょう：1882−1945）と島田芳文（しまだよしふみ：1898−1973）に師事し、自然界の動きの一コマを題材にした作品を書き始めました。1929年に長男が生まれてからは、母子の情愛をうたった数多くの作品を残しています。また、レコード文化やラジオ文化の分野で、有名な童謡詩人になりました。

赤ちゃんのお耳

都築益世 作詞
佐々木すぐる 作曲
木許 隆 編曲

赤いやねの家

織田ゆり子 作詞
上柴はじめ 作曲
木許 隆 編曲

演奏のポイント

　この曲は、３拍目が間延びしないように注意しましょう。

子どもと音楽　「赤いやねの家」が生まれた背景

　子どもの頃、江ノ電（江ノ島電鉄株式会社：神奈川県藤沢市）の警笛が聞こえる家に引っ越してきた少女（作詞者）は、階段を上ったところにある「小さな窓」と友だちになりました。そこから新天地を観察すると、日傘をさして砂利道を歩いていく奥様、ラッパを吹きながら自転車に乗る豆腐屋さんなどが見えました。少女は、五感をフル活用して、周りの景色だけでなく海から香る磯のにおいや、電線に身体を寄せあうスズメの声とも友だちになりました。いつも、10分おきに「プワ〜ン」と電車の警笛が聞こえてきます。耳をすますと、ガタンガタンと線路を走る響き、カーブに差しかかると警笛を鳴らすポイントなどもわかってきました。最寄り駅から電車に乗ると、踏切から少女が住む家の屋根が見えました。あれから歳月が過ぎ、少女が住んでいた家は残っていないだろうけれど、「生まれた場所へのひとり旅」のように訪ねてみたい気持ちは大きく、大好きだった家や暮らしを思い出しています。

赤鬼と青鬼のタンゴ

加藤　直　作詞
福田和禾子　作曲
木許　隆　編曲

ポイント

この曲は、浜田廣介（はまだひろすけ：1893－1973）作、『泣いた赤鬼』の絵本を参考にしてつくられました。

秋のバイオリン

中村千栄子 作詞
越部信義 作曲
木許 隆 編曲

演奏のポイント

　この曲に出てくる擬音語「ギュルルン」、「キュルキュル」、「コロロン」、「ガシャガシャ」、「チロロン」
は、言葉を短くうたいましょう。

22

子どもと生活　秋の昆虫

　秋の昆虫には、キリギリス、エンマコオロギ、クツワムシ、イナゴ、オンブバッタ、トノサマバッタ、イチモンジセセリ、オオカマキリなどがいます。

作詞者紹介　中村千栄子（なかむらちえこ：1932−1997）

　中村千栄子は、新潟県出身の詩人・作詞家です。高校時代に上京し、大学卒業後も東京で文学や詩歌の勉強を続けようとしましたが、いったん故郷の新潟へ戻りました。1954年に新潟大学の学生歌と応援歌の公募がありました。そして、学生歌が1位、応援歌が2位に選ばれ、それを機に本格的な作詞活動を始めました。また、1954年から加藤省吾（かとうしょうご：1914−2000）に師事し、童謡の作詞を学びました。さらに、合唱曲の作詞にも力を注ぎ、1966年には、組曲「愛の風船」で第21回文部省芸術祭奨励賞、1981年には、組曲「花之伝言（はなのことづて）」で第36回文化庁芸術祭優秀賞を受賞しました。

あしたてんきにな〜れ！

日暮真三　作詞
赤坂東児　作曲
木許　隆　編曲

演奏のポイント

　この曲に出てくるセリフは、役割を決めて言いましょう。そして、言葉は、はっきりと相手に伝わるように言いましょう。また、複数で声を合わせて言うのも良いでしょう。

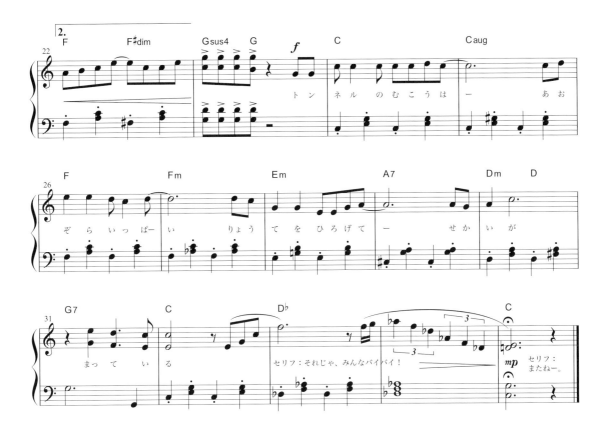

作詞者紹介　日暮 真三 （ひぐらししんぞう：1944－）

　日暮真三は、千葉県出身のコピーライター・作詞家です。酒問屋の息子として生まれ、大学時代には、兄（イラストレーター）の知り合いを伝ってプロダクションへ入りました。その後、大手広告企業を経て広告会社を起業し、コピーライターとして活躍しました。また、作詞活動を始め、NHK 子ども向け番組の子どもの歌を数多く残しています。

作曲者紹介　赤坂 東児 （あかさかとおる：1958－）

　赤坂東児は、北海道出身の作曲家・編曲家です。NHK 子ども向け番組の音楽を担当し、「えいごであそぼ」、「おかあさんといっしょ」で数多くの作品を残しています。また、2008 年から福田和禾子（ふくだわかこ：1941－2008）の後任として、うたのおにいさんやおねえさんの歌唱指導を担当しています。

子どもと生活　クツとばし

　まず、はいているクツを「あーした天気になーれ」と言いながら蹴りだします。そして、明日の天気を占います。クツが表に向いたら「晴れ」、クツが裏に向いたら「雨」、クツが横に向いたら「曇り」となります。クツをとばして、誰が一番遠くまで飛ばせるかを競い合うのもおもしろいでしょう。

あしたのあしたのまたあした

井出 隆夫 作詞
渋谷 毅 作曲
木許 隆 編曲

演奏のポイント

　この曲は、子どもが次の日のことを考えたり、これからのことを考えたりしながら、優しくうたっている雰囲気を大切にしましょう。また、安定したテンポで演奏するよう心がけましょう。

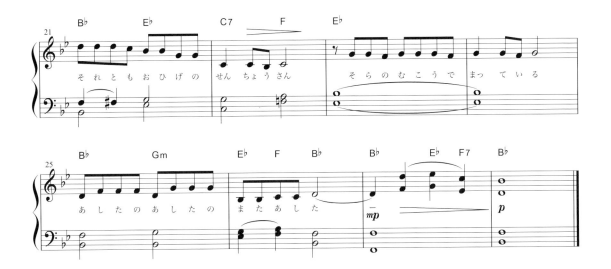

子どもの生活　子どもと時系列

　子どもは、時系列でものごとを並べることが苦手です。過去と現在の区別は、すぐに理解できるようですが、「さっき」のことを「昨日」と言ったり、「あとで」と言うところで「明日」と言ったりさまざまです。時間を読めるようになり、日にちを理解したりすることは時間がかかることですが、子どもと学び合うことが大切です。特に、日にちの言いかたは、月、日、曜日などを整理しなければなりません。

区分	過去		現在	未来	
	-2	-1		+1	+2
日	一昨日	昨日	今日	明日	明後日
週	先々週	先週	今週	来週	再来週
月	先々月	先月	今月	来月	再来月
年	一昨年	昨年（去年）	今年	来年	再来年

　「一昨日」、「明後日」、「一昨年」は、「おととい」、「あさって」、「おととし」とひらがなで書くことが多くなりました。また、「昨年」は文書などの言葉、「去年」は話すときなどの言葉として区別します。

あしたははれる

坂田 修 作詞
　　　　作曲
木許 隆 編曲

あの子はたあれ

細川雄太郎　作詞
海沼　實　作曲
木許　隆　編曲

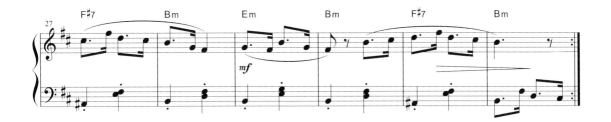

楽曲紹介　あの子はたあれ

　この曲は、細川雄太郎（ほそかわゆうたろう：1914−1999）が作詞し、海沼實（かいぬまみのる：1909−1971）が曲をつけ、1939年に発表されました。もともと、醸造会社に勤めていた細川が『童謡と唱歌』に「泣く子はたあれ」を発表し、これが海沼の目にとまり曲がつけられました。細川の原作は、「だァれ」でしたが、海沼が「だ」の濁音は音が汚く、メロディにのりにくいとして「たあれ」に変更したと言われています。現在は、「あの子はだあれ」と表記しているものも多くなりました。

「泣く子はたあれ」（原作）

細川雄太郎

①
泣く子はだァれ　誰でしょね
なんなんつめの　花の下
お人形さんと　あそんでる
可愛いミーちゃんじゃ　ないでしょか

②
泣く子はだァれ　誰でしょね
こんこん小やぶの　細い道
竹馬ごっこで　あそんでる
となりのユーちゃんじゃ　ないでしょか

③
泣く子はだァれ　誰でしょね
とんとん峠の　小鳩かと
お窓をあーけて　のぞいたら
お空にねむそな　昼の月

④
泣く子はだァれ　誰でしょね
とろとろ日暮の　窓の下
おなかがすいたと　ないている
いつも来る猫　黒い猫

あの町この町

野口雨情　作詞
中山晋平　作曲
木許　隆　編曲

楽曲紹介　あの町この町

　この曲は、絵雑誌『コドモノクニ』1924年1月号に発表されました。野口雨情（のぐちうじょう：1882－1945）の作品として広く歌われていますが、野口の童謡集には収められていません。

　また、1923年に発表された「夕焼小焼」は、山寺の鐘が鳴るなかで子どもが手をつないで家に帰るのに対し、この曲は、子どもが一人で自分の町を離れて歩いている様子を描いています。

作曲者紹介　中山 晋平 （なかやましんぺい：1887－1952）

　中山晋平は、長野県出身の音楽教育者・作曲家です。父を早くに亡くし母親に育てられた中山は、師範学校を卒業後、尋常高等小学校の教員になりました。唱歌が好きで、子どもから「唱歌先生」と呼ばれるほどでした。その後、東京音楽学校（現：東京藝術大学）へ進み、東京都で小学校の音楽専科教員として働きながら、作曲活動を展開していきました。生涯の作品は、1700曲を超えており、童謡、流行歌などを数多く残しました。

あひるの行列

小 林 純 一　作詞
中 田 喜 直　作曲
木 許 　隆　編曲

演奏のポイント

　この曲に出てくる付点8分音符は、音を弾ませるようなイメージをもって演奏しましょう。

作詞者紹介　　小林　純一（こばやしじゅんいち：1911−1982）

　小林純一は、東京都出身の児童文学作家・童謡詩人です。大学在学中より北原白秋（きたはらはくしゅう：1885−1942）に師事し、東京市、日本出版文化協会などで働きながら、児童雑誌『赤い鳥』や『チクタク』に童謡を投稿していました。また、日本児童文学者協会（1946−）や日本童謡協会（1969−）の設立にも尽力し、理事長を務めました。

子どもと生活　　アヒルの飼育

　アヒルは、マガモ（カモ科）を原種とする家禽（かきん）で、ヨーロッパや中国などで飼育が始まり、世界中で飼育されています。日本では、クチバシと足が黄色のシロアヒルを見かけます。大阪府南部では、豊臣秀吉（とよとみひでよし：1537−1598とされる）が水田にアヒルを放流することを推奨したため、アヒルの飼育が盛んになったと言われています。

あひるのスリッパ

武鹿悦子　作詞
湯山　昭　作曲
木許　隆　編曲

楽曲紹介　あひるのスリッパ

　この曲は、童謡誌『ら・て・れ』1960年2月号に掲載された武鹿悦子（ぶしかえつこ：1928－）作品集のなかに発表された「アヒルノスリッパ」に、湯山　昭（ゆやまあきら：1932－）が曲をつけた作品です。武鹿は、『どうよう』1988年7月号のなかで、「殆ど即興のようにできた詩」というエッセイを残しています。その内容は、「あひるのスリッパという発想は、全く向こうからやってきた。（中略）ぷたん！ぺたん！と、スリッパで地面をはたきながらやってきたあひるを、私は、力いっぱい迎え入れた。」でした。また、普段は、アヒルの声を「ガアガア」という擬音で表現しますが、「ガア ピルピル」と表現した部分におもしろさを感じる作品であると評価されています。

雨

杉山米子 作詞
小松耕輔 作曲
木許 隆 編曲

演奏のポイント

　この曲の伴奏に出てくるスラーのあとのスタッカートは、音を抜くようなイメージで演奏しましょう。

作曲者紹介　小松 耕輔（こまつこうすけ：1884-1966）

　小松耕輔は、秋田県出身の教育者・作曲家・評論家です。東京音楽学校（現：東京藝術大学）を卒業後、パリ国立高等音楽院へ留学しました。帰国後、1927 年に国民音楽協会を設立し日本で初めての合唱コンクールを開催するなど、合唱を中心とする社会音楽の普及に力を注ぎました。また、1928 年に日本作曲者協会を設立し、著作権の擁護にも力を注ぎました。作品は、自身の母を題材にしたものや松尾芭蕉（まつおばしょう：1644-1694）の詩句に曲をつけたものが数多く残っています。

雨のシロフォン

新沢としひこ　作詞
中川ひろたか　作曲
木許　隆　編曲

ポイント

この曲の作曲者は、原曲の速度記号のあとに「雨つぶワルツ」と書いています。

子どもと生活　雨の種類

日本で雨を表現する言葉は、400語以上もあります。そして、雨の降りかたによってさまざまな名前がつけられています。

強い雨	弱い雨	いきなり降る雨	降りつづく雨
• 大雨（おおあめ）	• 小雨（こさめ）	• 通り雨（とおりあめ）	• 長雨（ながあめ）
• 強雨（きょうう）	• 疎雨（そう）	• 俄雨（にわかあめ）	• 陰雨（いんう）
• 豪雨（ごうう）	• 霧雨（きりさめ）	• 驟雨（しゅうう）	• 地雨（じあめ）
• ゲリラ豪雨（げりらごうう）	• 細雨（さいう）	• 叢雨（むらさめ）	• 連雨（れんう）
• ゲリラ雷雨（げりららいう）	• 微雨（びう）	• 鬼雨（きう）	• 霖雨（りんう）
• 集中豪雨（しゅうちゅうごうう）	• 小糠雨（こぬかあめ）	• 肘笠雨（ひじかさあめ）	• 積雨（せきう）
• スコール	• 涙雨（なみだあめ）		• 宿雨（しゅくう）
• 鉄砲雨（てっぽうあめ）	• 天気雨（てんきあめ）		• 漫ろ雨（そぞろあめ）
• 篠突く雨（しのつくあめ）	• 天泣（てんきゅう）		
• 飛雨（ひう）	• 狐の嫁入り（きつねのよめいり）		

37

雨降りお月
（雨降りお月さん〜雲の蔭）

野口雨情　作詞
中山晋平　作曲
木許　隆　編曲

楽曲紹介　雨降りお月

　この曲は、二つの曲を合わせたものです。まず、1番として扱われている部分は、童謡雑誌『コドモノクニ』1925年正月増刊号で発表されました。作詞者の野口雨情（のぐちうじょう：1882−1945）は、曲名を「雨降りお月」としましたが、作曲者の中山晋平（なかやましんぺい：1887−1952）の勧めで、「雨降りお月さん」としました。そして、同誌1925年3月号で続編「雲の蔭」が発表されました。また、1929年のレコード化に際し、2曲を合わせて「雨降りお月」としました。

ありがとうの花

坂田　修　作詞
作曲
木許　隆　編曲

演奏のポイント

　この曲は、1つの音符に複数の歌詞がついています。音を分割したり統合したりしながら、うたいやすいように楽譜を変えても問題ありません。

いちご

高木あきこ　作詞
越部信義　作曲
木許　隆　編曲

演奏のポイント

　この曲では、右手と左手の音が重なる場合、右手の音を優先するとうたいやすいでしょう。また、後奏の和音は、音をやさしく響かせるイメージをもって演奏しましょう。

一月一日

千家尊福 作詞
上　真行 作曲
木許　隆 編曲

ポイント

この曲のタイトルは、「いちげついちじつ」もしくは「いちがついちじつ」と読みます。

43

1・2の3のごあいさつ

藤 公之介 作詞
小林亜星 作曲
木許 隆 編曲

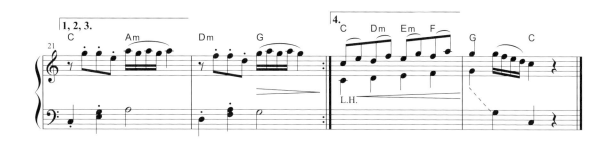

子どもと生活　世界の「こんにちは」

　世界には、約6500種類もの言語が存在しています。その中でも、「こんにちは」は、コミュニケーションの第一歩として世界中で用いられています。

言語区分	言語	使用区分	使用地域
日本語	こんにちは	一般	日本
英語	Hello ハロー	一般	アメリカ、イギリスなど英語圏
中国語	你好 ニイハオ	一般	中国
韓国語	안녕하세요 アニョンハセヨ	一般	韓国 北朝鮮
タイ語	สวัสดีครับ サワッディークラッ	男性	タイ
	สวัสดีค่ะ サワッディーカー	女性	
ビルマ語	မင်္ဂလာပါ ミンガラーバー	一般	ミャンマー
ラオス語	ສະບາຍດີ サバイディー	一般	ラオス
クメール語	ជម្រាបសួរ チョムリアップ・スオ	一般	カンボジア
ベトナム語	Xin chào シン・チャオ	一般	ベトナム
マレー語	Selamat tengahari スラマッ・トゥンガハリ	昼	マレーシア、シンガポール
	Selamat petang スラマッ・プタン	午後	
インドネシア語	Selamat siang スラマッ・シアン	昼	インドネシア
	Selamat sore スラマッ・ソーレ	午後	
タガログ語	Magandang tanghali マガンダン・タンハーリ	昼	フィリピン
	Magandang hapon マガンダン・ハポン	午後	
ヒンディー語 ネパール語	नमस्ते ナマステ	一般	インド、ネパール
アラビア語	السلام عليكم アッサラーム・アライクム	丁寧	サウジアラビア、イラク、エジプト
ペルシア語	سلام علیکم サラーム・アライクム	丁寧	イラン
トルコ語	Merhaba メルハバ	一般	トルコ
ロシア語	Здравствуйте ズドラーストヴィーチェ	丁寧	ロシア
イタリア語	Buon giorno ブオン・ジョルノ	丁寧	イタリア
フランス語	Bonjour ボンジュール	一般	フランス
スペイン語	Hola オーラ	一般	スペイン
ドイツ語	Guten tag グーテン・ターク	一般	ドイツ
オランダ語	Goede middag フーデ・ミダッハ	丁寧	オランダ
チェコ語	Dobrý den ドブリー・デン	丁寧	チェコ共和国
ポルトガル語	Boa tarde ボア・タージ	丁寧	ポルトガル、ブラジル
スワヒリ語	Jambo ジャンボ	一般	ケニア、タンザニア、ウガンダ

一年生おめでとう

佐倉智子 作詞
おざわたつゆき 作曲
木許 隆 編曲

ポイント

　この曲は、在園生が、お兄さんやお姉さん（卒園生）の卒園をお祝いしてうたう曲です。

一週間

楽団カチューシャ　訳詞
ロシア民謡
木許　隆　編曲

いっぽんでもニンジン

前田利博　作詞
佐瀬寿一　作曲
木許　隆　編曲

演奏のポイント

この曲は、シャッフル・ビートのリズムで演奏します。

いもほりのうた

高杉 自子 作詞
渡辺 茂 作曲
木許 隆 編曲

作詞者紹介　高杉 自子（たかすぎよりこ：1925－2003）

　高杉自子は、東京都出身の教育者です。東京第一師範学校（現：東京学芸大学）を卒業後、東京都公立小学校の教員となり、東京学芸大学附属竹早小学校に長らく勤務しました。また、文部省初等中等教育局教育助成局視学官などを歴任し、生涯、幼児教育、初等教育に力を注ぎました。

子どもと生活　日本の収穫祭

　日本で「収穫祭」と言えば、「ハロウィン」が代表的になりました。ハロウィンは、古代ケルト人が起源と言われる「収穫祭」をさしています。ケルト人は、中央アジアの草原から馬や馬車を持ち、移住して回っていた民族です。そのケルト人が、秋の終わり（10月31日）に収穫祭を行い、冬を迎えたという言い伝えが残っています。

　日本では、もともと稲作が盛んであるため、収穫にとても大きな意味を持っています。そのなかでも、宮中祭祀「新嘗祭（にいなめさい）」と「神嘗祭（かんなめさい）」を紹介します。

　新嘗祭は、別名「しんじょうさい」とも言われ、新たな穀物を得たことを神様に感謝する祭をさしています。時期は、11月の2番目の卯の日（田植えをしてはいけない日）に行われます。起源は、はっきりとしませんが、日本書紀には、642年11月16日に行われたという記録が残っています。そして、明治時代以降、11月23日に行うと定められ、国民の祝日となりました。また、その日は、1948年から「勤労感謝の日」となりました。

　神嘗祭は、五穀豊穣の感謝祭にあたり、その年の最初に収穫した穀物を、天照大神（伊勢神宮）にお供えする祭をさしています。伊勢神宮では、10月17日に神嘗祭が行われます。どちらの祭も五穀豊穣に感謝するものですが、開催される場所や祭の内容に違いがあります。しかし、日本の大きな収穫祭であることには変わりありません。

インディアンが通る

山中　恒　作詞
湯浅 譲二　作曲
木許　隆　編曲

演奏のポイント

　この曲の伴奏にある重音は、音を短く演奏して曲の雰囲気をつくりましょう。

作詞者紹介　山中　恒（やまなかひさし：1931－）

　山中　恒は、北海道出身の児童文学作家・ノンフィクション作家です。学生時代は、戦争の体験から大人や教員に不信感をもち、教育に対する違和感を感じ続けていました。大学卒業後、百貨店の宣伝部で働きながら児童文学の創作を始めました。そして、1960年に「赤毛のポチ」で児童文学者協会新人賞を受賞し、児童文学作家として本格的にデビューしました。

作曲者紹介　湯浅 譲二（ゆあさじょうじ：1929－）

　湯浅譲二は、福島県出身の作曲家です。幼い頃から音楽に親しみましたが、医者の家に生まれたため、医学の道を志すようになりました。しかし、音楽の道を捨てきれず、電子音楽や現代音楽の世界へ入っていきました。また、長らくカリフォルニア大学サンディエゴ校で教鞭をとり、日本へ帰国しました。1961年のベルリン映画祭審査特別賞をかわきりに、数多くの賞を受賞しています。

いやになっちゃうな

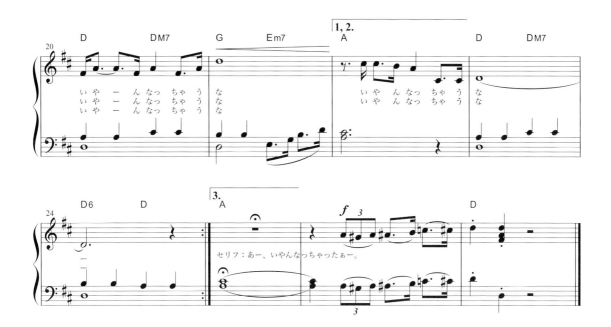

子どもと生活　日本の博物館

　寺社には、いつの頃からか宝物殿や絵馬殿などがありました。江戸時代には、平賀源内（ひらがげんない：1728－1780）らが「物産会」という博覧会のようなものを開いていたという記録が残っています。そして、1867 年のパリ万博には、幕府、薩摩藩、佐賀藩が出展しました。その後、1872 年にウィーン万博の出品準備として開かれた湯島聖堂博覧会が、日本の博物館のはじまりと言われています。

　博物館は、図書館や公民館を除いた資料館、美術館、文学館、歴史館、科学館、水族館、動物園、植物園などの施設をさしています。これは、1951 年に制定された「博物館法」に規定されています。

子どもと生活　世界最古の動物園

　1752 年、神聖ローマ帝国の皇帝フランツ 1 世（1708－1765）は、現在のウィーン（オーストリア）にあるシェーンブルン宮殿に小さな動物園をつくりました。これが、動物園のはじまりとされています。その後、ヨーゼフ 2 世（1741－1790）は、動物園で飼育する動物を増やすために、アフリカやアメリカに捕獲遠征隊を派遣しました。また、1828 年にキリンが飼育されるようになると、ウィーンの町にファッション・ブームが起きたという記録が残っています。

　現在、その動物園は民営化されていますが、熱帯雨林館、砂漠館、チロル農場などが増設され、ジャイアントパンダ、コアラなど外国の動物も飼育されています。

子どもと生活　日本最初の動物園

　1882 年、上野恩賜公園に東京国立博物館が移転され、付属施設として動物園の前身がつくられました。時期を同じくして、動物園の中に淡水魚を展示する観魚室がつくられ、それが水族館の前身と言われています。現在は、東京都恩賜上野動物公園（通称：上野動物園）と言われ、300 種類以上の動物を展示、飼育し、開園当初（約 1ha）の約 14 倍の広さにまで拡大されています。

いろんな木の実

中山知子　作詞
西インド諸島民謡
木許　隆　編曲

演奏のポイント

　この曲は、ルンバのリズムで演奏します。

子どもと生活　いろんな木の実

　木の実は、種子と言われるものです。また、種子は、自分で移動できないため、さまざまな自然の力を借りて移動していきます。

移動方法	内　容
風散布型	羽、毛、袋などをもったものや小さなものをさしています。風にのって運ばれるためには軽さが必要となります。
水散布型	雨によって流れて運ばれるもの、川、池、湖などの淡水の流れよって運ばれるもの、海流によって運ばれるものをさしています。
動物散布型	動物に食べられたのち糞として排出されるもの、動物の毛や皮膚に付着して運ばれるものなどをさしています。硬い殻に保護され、動物の消化液によって発芽しにくくなっています。
自動散布型	熟した果実が割れたり落ちたりして、種子が飛び散るものをさしています。乾燥したり湿ったりすることで起こりやすくなっています。
重力散布型	果実や種子に特別な仕組みがなく、親の周囲に落ちるものをさしています。遠くへは行けませんが、親と同じ環境で育つことになります。

うぐいす

林　柳波　作詞
井上武士　作曲
木許　隆　編曲

子どもと生活　日本の三鳴鳥

　三鳴鳥は、日本に生息するさえずり（声）が美しいとされる鳥類スズメ目の三種をさしています。ウグイスは、三鳴鳥の中でも特に有名です。

名　称	特　徴
ウグイス	日本全国に分布する鳥。寒冷地の個体は冬季に暖地へ移動する場合もある。環境適応能力が高く、笹などの多い林、藪などを好む。体長はオスが16cm程度、メスが14cm程度。翼開長は、オスが20cm程度、メスが18cm程度。体色は、背中がオリーブ色で、腹面は白色。代表的なさえずりは「ホーホケキョ」。
オオルリ	夏鳥として日本へ渡来・繁殖し、冬季は東南アジアで越冬する鳥。高い木の上でさえずる。体長は、が約16cm程度、翼開長は約25cm程度。オスの体色は、背中が光沢のある青色、尾の基部に左右の白斑、顔が黒色、腹が白色。メスの体色は、背面が茶褐色、喉と腹が白色、胸と脇が褐色。代表的なさえずりは「ピリーリー」。
コマドリ	夏季に日本やサハリン、南千島で繁殖し、冬季になると中国南部で越冬する鳥。体長は、14cm程度。オスの体色は、頭部から上胸にかけて赤褐色、体上面の羽、翼が橙褐色。メスの体色は、頭部から上胸、上面が橙褐色、下胸から腹部にかけて羽が灰色。代表的なさえずりは「ヒンカララ」。

うさぎ
（共通教材第３学年）

日 本 古 謡
作詞・作曲者不詳
木 許 　 隆 編曲

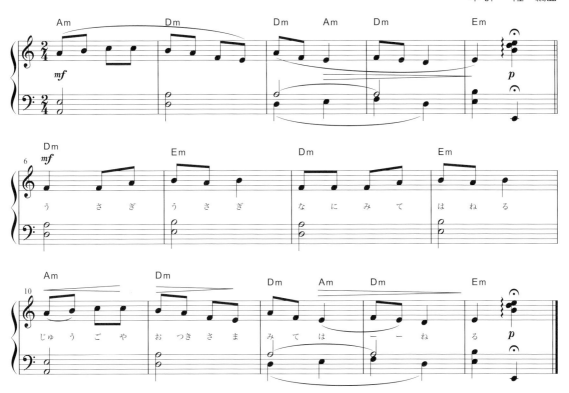

う さ ぎ う さ ぎ な に み て は ね る
じゅ う ご や お つ き さ ま み て は ー ー ね る

うさぎ
（教科書掲載の楽譜）

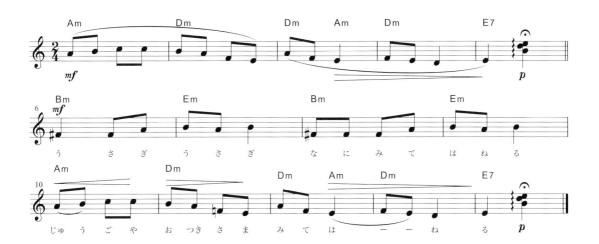

う さ ぎ う さ ぎ な に み て は ね る
じゅ う ご や お つ き さ ま み て は ー ー ね る

うさぎとかめ

石原和三郎　作詞
納所弁次郎　作曲
木許　隆　編曲

楽曲紹介　うさぎとかめ

　この曲をつくった石原和三郎（いしはらわさぶろう：1865-1922）と納所弁次郎（のうしょべんじろう：1865-1936）は、ともに音楽教育者です。この曲は、古代ギリシャの童話集『イソップ物語』のなかにある「兎と亀」（怠惰を戒め、勤勉を奨める内容）の話をモデルにしてつくられました。また、この物語は、明治時代の教科書にも掲載され、幼い子どもから大人まで、誰もが知る物語となりました。

歌の町

勝　承夫　作詞
小村三千三　作曲
木許　隆　編曲

楽曲紹介　歌の町

　この曲は、1947 年に「児童福祉法」の制定を記念し、「子どものレクリエーションの歌」として日本児童文化協会が制作しました。その後、ビクターからレコードが発売され、子どもはもちろん、戦後の復興に取り組んでいた大人からも愛唱されました。また、擬声語、擬態語を数多く用いることによって、親しみやすく希望と励ましを与える曲として有名になりました。

兎のダンス

野口雨情 作詞
中山晋平 作曲
木許 隆 編曲

演奏のポイント

この曲のメロディにある付点8分音符は、音を短く演奏して曲の雰囲気をつくりましょう。

子どもと音楽　ピョンコ節

　ピョンコ節は、2/4 拍子もしくは 4/4 拍子の曲で、拍を付点 8 分音符と 16 分音符で分割したリズムが多用された曲をさしています。そのリズムは、何かが飛び跳ねているように聴こえたり、スキップしているように聴こえたりします。この名前の由来は、野口雨情（のぐちうじょう：1882−1945）作詞・中山晋平（なかやましんぺい：1887−1952）作曲の童謡「蛙の夜まはり」のリフレインにある「ガッコ ガッコ ガ ハ ピョンコ ピョンコ ピョン」であると言われています。

子どもと音楽　歌詞の調子

　歌詞をつくるときには、二つの大きな流れがあります。まず、万葉集などに用いられた「五七調」があります。これは、音を聴く人に対して、素朴で力強い感じを与えることが特徴となります。次に、古今和歌集などに用いられた「七五調」があります。これは、音を聴く人に対して、優しく優雅な感じを与えることが特徴となります。どちらの調子も抒情歌や日本歌曲のなかに多用されていますが、全く違った雰囲気をつくりだしています。

子どもと音楽　「四七抜き音階」と「二六抜き音階」

　二つの音階は、ともに日本音楽の音階（五音音階）です。まず、「四七抜き音階」は、西洋音楽の長音階にあてはめると、主音（ド）から 4 番目の音（ファ）と 7 番目の音（シ）を抜いた音階（ド・レ・ミ・ソ・ラ）になり、「呂音階」と言われます。また、短音階にあてはめると、主音（ラ）から 4 番目の音（レ）と 7 番目の音（ソ）を抜いた音階（ラ・シ・ド・ミ・ファ）になり、「陰音階」と言われます。

　「二六抜き音階」は、西洋音楽の長音階にあてはめると、主音（ド）から 2 番目の音（レ）と 6 番目の音（ラ）を抜いた音階（ド・ミ・ファ・ソ・シ）になり、「琉球音階」と同じ音階になります。また、短音階にあてはめると、主音（ラ）から 2 番目の音（シ）と 6 番目の音（ファ）を抜いた音階（ラ・ド・レ・ミ・ソ）になり、「陽音階」と言われます。

うたう足の歌

近江靖子 作詞
寺島尚彦 作曲
木許　隆 編曲

演奏のポイント

　この曲の伴奏は、落ち着いて演奏しましょう。ただし、テンポを速くする必要はありません。また、ハバネラのリズムにある8分音符は、あせらず曲の雰囲気をつくりましょう。

作詞者紹介　近江 靖子（おうみやすこ：1944－2020）

　近江靖子は、神奈川県出身の童謡作詩家・児童文学作家です。小説や随筆を書くときには、村上（むらかみ）姓を用いていました。近江は、もともとマラソン選手を目指していましたが、大学在学中に落馬事故で自宅療養生活を余儀なくされました。そして、療養中（1964年）に書いた童謡「うたう足の歌」が、第9回日本レコード大賞童謡賞を史上最年少で受賞しました。

作曲者紹介　寺島 尚彦（てらしまなおひこ：1930－2004）

　寺島尚彦は、栃木県出身の作詞家・作曲家です。大学受験を控えた年の暮れに、同じ高等学校出身の池内友次郎（いけうちともじろう：1906－1991）に出会い、東京藝術大学へ進学します。大学卒業後は、シャンソン音楽の演奏活動やテレビ番組の音楽を担当していました。そして、1967年に初めて訪れた沖縄で心ゆさぶられ、沖縄戦の悲劇を歌った「さとうきび畑」を作詞・作曲しました。

うたえバンバン

阪田寛夫　作詞
山本直純　作曲
木許　隆　編曲

演奏のポイント

　この曲の前奏にある「トレモロ」は、速くしすぎないように注意しましょう。

楽曲紹介　うたえバンバン

　この曲は、阪田寛夫（さかたひろお：1925−2005）が作詞し、山本直純（やまもとなおずみ：1932−2002）が作曲した曲です。1970年にNHKで放送された正月特番「うたえバンバン」のテーマソングとして初めて演奏されました。そして、1972年には、キングレコードから発売されたシングル「歌はともだち」のB面に収録されました。また、小学校音楽科の教科書にも掲載されました。

子どもと音楽　レコードの発明

　世界初の音声記録システムは、1857年にフランスのL. スコット（Édouard-Léon Scott de Martinville, 1817−1879）が発明した「フォノトグラフ（phonautograph）」です。その後、1876年にスコットランドのG. ベル（Alexander Graham Bell, 1847−1922）が電話機を発明し、その再生能力に着目した多くの研究者が、再生可能なレコードの発明に力を注ぎました。そして、1877年にアメリカのT. エジソン（Thomas Alva Edison, 1847−1931）が再生可能なレコードを発明しました。

うまさん

佐藤義美　作詞
萩原英彦　作曲
木許　隆　編曲

作曲者紹介　　萩原 英彦 （はぎはらひでひこ：1933−2001）

　萩原英彦は、東京都出身の作曲家です。東京藝術大学を卒業後、武蔵野音楽大学で教鞭をとりました。そして、合唱曲の作曲に力を注ぎ、演奏しやすく調性感のある作風で有名になりました。また、G. フォーレ （Gabriel Urbain Fauré, 1845−1924） 作曲の「レクイエム （Requiem Op.48）」をはじめ、フランスのピアノ曲、歌曲、合唱曲の校訂なども行いました。

子どもと生活　　ウマ

　ウマの品種は、約 160 種もあると言われています。

区　分	種　類
軽　種	体重 400−500kg。競走馬「サラブレッド」、アラビア半島の「アラブ」、アラブとサラブレッドの混血種「アングロアラブ」、中央アジアのトルクメニスタンの「アハルテケ」など。
中間種	軽種より体格が大きな馬。カウボーイが乗った「アメリカンクウォーターホース」、馬車を引く「ハクニー」など。
重　種	体重 800−1000kg 以上の仕事馬。フランスの農耕馬「ペルシュロン」、ベルギーの大型馬「ベルジャン」、オランダの乗用馬「フリージアン」など
在来種	北海道和種、木曽馬など
その他	地面から肩までが 147cm 以下の「ポニー」など

うみ
（共通教材第1学年）

文 部 省 唱 歌
林　柳　波　作詞
井 上 武 士　作曲
木 許　隆　編曲

♩=88

1.う　み　は　　ひ　ろ　い　な　　み
2.う　み　は　　お　お　な　み　　　
3.う　み　に　　お　ふ　ね　を　　　

お　お　き　い　な　　　な　み　て　　つ　ゆ　い　き　が　て　の　ぼ　た　る　ま　し　で　な　ひ　つ　よ　し　く　の　ず　や　く　む　ら　に
あ　お　か　ば　せ　　　　　　　　ゆ　い　き　れ　っ　ど　み　こ　　　　　

ポイント

この曲の3番の歌詞に「おふねをうかばせて」とあります。原曲では、「おふねをうかばして」となっていますが、現在では、「うかばせて」とうたわれることが多いようです。

うみ
（教科書掲載の楽譜）

♩=88

1.う　み　は　　ひ　ろ　い　な　　み
2.う　み　は　　お　お　な　み　　　
3.う　み　に　　お　ふ　ね　を　　　

お　お　き　い　な　　　な　み　て　　つ　ゆ　い　き　が　て　の　ぼ　た　る　ま　し　で　な　ひ　つ　よ　し　く　の　ず　や　く　む　ら　に
あ　お　か　ば　せ　　　　　　　　ゆ　い　き　れ　っ　ど　み　こ

越天楽今様
（共通課題第6学年）

慈 鎮 和 尚　作歌
日 本 古 謡
木 許　 隆　編曲

ポイント

　この曲は、箏曲で用いられる音階を用いて編曲しています。

楽曲紹介　　越天楽今様

　雅楽のなかで有名な「越天楽」のメロディに歌詞をつけたものを「越天楽今様」と言います。「今様」は、「現代風に」という意味をもっています。歌詞は、慈鎮和尚（じちんかしょう：1155－1225）が詠んだ歌を用いています。また、1989年告示の「小学校学習指導要領」から現在まで第6学年の共通教材として取り上げられています。

　歌をつくった慈鎮和尚は、諡号（没後つけられる名前）で、生前は、慈圓（じえん）という有名な僧でした。

大きな象さんが

峯　陽　作詞・作曲

木許　隆　編曲

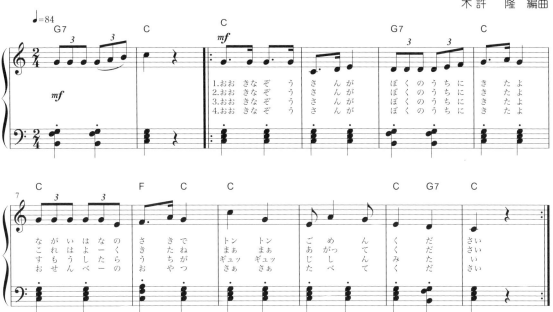

作詞／作曲者紹介　峯　陽（みねよう：1932−）

　峯陽は、韓国ソウルに生まれ、満州を経て大阪府へ引き上げてきました。そして、高等学校へ通いながらさまざまな地域活動に参加し、東京大学卒業後、東京都庁に就職しました。東京都職員として社会福祉関係の仕事に従事しながら、創作活動を展開しました。詩作・作詞活動を行うときには、「ともろぎゆきお」というペンネームを使い、作詩・作曲活動を行うときには、「峯陽」というペンネームを使っています。

子どもと生活　ゾウ

　ゾウの現生種を大きく分類すると、アフリカゾウとアジアゾウの2種類に分けられます。そして、陸上に暮らす生物の中で最も大きな生物です。長い鼻、大きな耳が特徴で、首が短く、立ったままで地面に口をつけることはできません。膝をついてしゃがむか、長い鼻を使って食べ物などを口に運ぶことで有名です。また、鼻を使って全身に水をにかけ、水浴びすることもあります。長い鼻は、小さな木の実から豆腐のような柔らかくつかみにくい物まで器用につかむことができます。

おーい！

井出隆夫 作詞
乾 裕樹 作曲
木許 隆 編曲

演奏のポイント

この曲のセリフは、役割を決めて言いましょう。セリフに対して曲中の「おーい！」が呼応します。

お〜いかばくん

中川いつこ　作詞
中川ひろたか　作曲
木許　隆　編曲

ポイント

この曲は、メロディの音域が広くなっています。子どもに無理をさせないように注意しましょう。

大きなかぶ

名村 宏 作詞
越部信義 作曲
木許 隆 編曲

演奏のポイント

この曲の演奏順は、次のように行います。

1回目：A → Ending
2回目：A → B → Ending
3回目：A → B → C → Ending
4回目：A → B → C → D → Ending
5回目：A → B → C → D → E → Ending
6回目：A → B → C → D → E → F 以降

※ 最後の部分は、テンポをだんだん遅くしてもよい。

作詞者紹介　名村　宏（なむらひろし：1938−）

　名村　宏は、富山県出身の作詞家です。作詞家の横井　弘（よこいひろし：1926−2015）に師事し、1968年に「ペケの歌」で第10回日本レコード大賞童謡賞を受賞しました。また、1995年に詩集『かくざとういっこ（かど創房）』で第25回日本童謡賞を受賞しました。

子どもと音楽　大きなかぶ

　この物語は、ロシアの民俗学者 A. アファナーシェフ（Alexander Nikolayevich Afanasyev, 1826−1871）が、1855年から1863年にかけて編纂した『ロシア民話集』のなかに収められています。その後、ロシアの小説家 L. トルストイ（Lev Nikolayevich Tolstoy, 1828−1910）が、子ども向けに書き直し、日本に伝わりました。また、日本では、児童文学者・ロシア文学者の内田莉莎子（うちだりさこ：1928−1997）が翻訳し有名になりました。

おさるがふねをかきました

まど・みちお 作詞
團 伊玖磨 作曲
木許 隆 編曲

ポイント

この曲の歌詞にある「かきました」は、「描きました」と捉えましょう。

子どもと生活　国際アンデルセン賞 (Hans Christian Andersen Award)

この賞は、デンマークの児童文学者 H. アンデルセン (Hans Christian Andersen, 1805–1875) にちなんで 1956 年に創設されました。国際児童図書評議会 (International Board on Books for Young People) が画家賞、作家賞の 2 部門で授与し、「小さなノーベル賞」とも言われています。また、1980 年に舞台美術作家・絵本画家の赤羽末吉（あかばすえきち：1910–1990）が画家賞を受賞しました。さらに、1994 年には、詩人のまど・みちお（1904–2014）が作家賞を受賞しました。

おすもうくまちゃん

佐 藤 義 美 作詞
磯 部 俶 作曲
木 許 隆 編曲

作曲者紹介　磯部　俶（いそべとし：1917－1998）

　磯部　俶は、東京都出身の合唱指揮者・作曲家です。早稲田大学グリークラブの指揮者を長らく務め、合唱や市民オペラの分野で活躍しました。また、1955年に大中　恩（おおなかめぐみ：1924－2018）、中田喜直（なかだよしなお：1923－2000）らと創作活動「ろばの会」を結成し、子どもの歌を数多く作曲しました。

お猿のかごや

山上武夫 作詞
海沼實 作曲
木許隆 編曲

作詞者紹介　山上　武夫 （やまがみたけお：1917−1987）

　山上武夫は、長野県出身の童謡作詞家です。17歳で詩作を志して上京し、1936年にNHKの童謡公募で「この道ほそ道」が入選しました。その詩に草川信（くさかわしん：1893−1948）が曲をつけ、ラジオ放送された数日後、山上は、草川の家で同郷の海沼實（かいぬまみのる：1909−1971）に出会います。また、1938年に「お猿のかごや」を作詩し、海沼が曲をつけ、「山上・海沼コンビ」が誕生しました。

作曲者紹介　海沼　實 （かいぬまみのる：1909−1971）

　海沼實は、長野県出身の童謡作曲家です。東洋音楽学校（現：東京音楽大学）在学中に、児童合唱団「音羽ゆりかご会」の結成にたずさわり、多くの童謡歌手を輩出しました。海沼は、第2次世界大戦中、多くの歌手や作詞家、作曲家が疎開するなかで、NHKのスタジオへ通い、童謡を放送し続けました。また、多くの人が愛唱した童謡を作曲していることから、「最後の童謡作曲家」と言われています。

楽曲紹介　お猿のかごや

　この曲は、ともに長野県埴科郡松代町（現在：長野市）出身の「山上・海沼コンビ」によってつくられました。そして、作詞家、作曲家を目指して上京した2人の姿を、信州の山猿に投影していると言われています。歌詞は、生活苦のなかで故郷への思いを抱きながら、童謡という重い「かご」を担って、山道を登っていく姿をユーモラスに描いています。特に、「向こうのお山はまだ遠い」の歌詞は、当時の切実な心境がうかがえます。

おそうじ

小林 純一　作詞
中田喜直　作曲
木許　隆　編曲

子どもと生活　そうじの文化

　日本では、年末に行う掃除を「大掃除」と言います。これは、1年分の汚れを落とし、新しい年を迎える準備として行われます。また、神社仏閣では、年末の行事として「煤払（すすはらい）」を行うところもあります。煤払は、もともと旧暦12月13日に行われてきました。そして、煤払を終えると鯨（クジラ）汁を食べ、滋養強壮や長寿祈願を行なっていたという記録も残っています。また、江戸時代の商家では、煤払を終えると胴上げを行う習慣があったようです。

子どもと生活　保育の環境

　高山静子（たかやましずこ）氏は、『学びを支える保育環境づくり － 幼稚園・保育園・認定こども園の環境構成 －（小学館 2017）』の中で、「保育の環境には、八つの要素が必要である。」と言っています。

要　素	内　容
① 人	保育者の表情、動き、話し方など、多くの要素がその場の雰囲気をつくります。
② 自然	乳幼児期には、多くの自然にふれることができるようにしたいものです。
③ 物	保育者が準備するあそびの素材、質や量を考え、子どもの手が届くようにしたいものです。
④ 情報	保育室内や園庭では、形や色、動きや音などが子どもの目や耳を刺激します。
⑤ 空間	活動の性質によって、とどまる空間、ながれる空間をつくりたいものです。
⑥ 時間	ゆとりある時間設定をし、ながれのよい一日を演出したいものです。
⑦ 動線	配置や生活のしやすさを考えて、工夫した場を設定したいものです。
⑧ 温度・湿度など	気温や湿度は、快・不快の感覚を敏感にさせるだけでなく、健康にも影響します。

おててをあらって

都築益世 作詞
宇賀神光利 作曲
木許 隆 編曲

演奏のポイント

　この曲に出てくる擬音語「チップロン」は、言葉を短くうたいましょう。

作詞者紹介　都築益世（つづきますよ：1898−1983）

　都築益世は、大阪府出身の医師・童謡詩人です。1920 年に『赤い鳥』の活動に参加し、童謡詩人として出発しました。しかし、医師になるための勉強などで忙しくなり、その活動を縮小せざるをえない状況になりました。そして、1940 年に『童謡集』を発表して、童謡詩人に復帰しました。

子どもと生活　習慣と慣習

　習慣（habit）は、国や地方の人の間でやり取りされる物事の方法や社会的なしきたりをさしています。そして、社会生活や日常生活、個人的な事柄に関する様式をさしています。

　慣習（Custom）は、習慣と同じような意味をもちますが、文化を含む一定の社会で定着した伝統的な行動様式やならわしをさしています。

お月さんと坊や

サトウハチロー 作詞
中田喜直 作曲
木許 隆 編曲

ポイント

この曲の途中にある転調には、注意しましょう。

子どもと生活　月の満ち欠け

地球が太陽の光を浴び、地球の半分が昼間になるように、月も太陽の光を浴び、月の半分は明るくなります。地球から月を見ると、太陽の光を浴びている月は、輝いて見えています。そして、月の姿は刻々と変化しています。また、月は、太陽の周りを 29.5 日で一周します。自転する地球、月の公転周期、太陽の位置によって、月の満ち欠けが起こります。

踊ろう楽しいポーレチケ

TRAMBLANKA「踊ろう楽しいポーレチケ」
作曲・作詞：Tadeusz Kazimierz SYGIETYNSKI　作詞：Sygietynska Mira ZIMINSKA
日本語詞：小林 幹治

小林 幹治 作詞
ポーランド民謡
木許 隆 編曲

子どもと音楽　ポーレチケ

　19世紀前半の舞踏会では、2/4拍子のポルカ、3/4拍子のワルツ、マズルカが重要な役割を果たしていました。また、ポーランドの言葉に、名詞に指小辞を付けて「小さい」、「少し」というニュアンスを出す表現が用いられます。「polka（ポルカ）」も同じように「poleczka（ポレチュカ）」という指小形があります。そして、名詞「poleczka」の変化形「poleczkę（ポレチュケン）」が、日本で「ポーレチケ」と読まれました。

音のマーチ

東　龍男　作詞
山本直純　作曲
木許　隆　編曲

演奏のポイント

　この曲では、歌に合わせて手拍子や楽器の音を入れて楽しみましょう。楽器は、カスタネット、すずなど、子どもが扱いやすいものを選びましょう。

オナカの大きな王子さま

楽曲紹介　オナカの大きな王子さま

　この曲は、1975年12月から1976年1月にNHK「みんなのうた」で放送された曲です。服のボタンがはちきれそうな王子さまが、魔法のじゅうたんに乗りたいが落ちてしまわないかと悩む様子や、夕食のごちそうを少しずつ食べつづける様子を描いています。また、放送では、時間の関係で1、3、5、6番がうたわれていました。

作詞／作曲者紹介　小椋　佳（おぐらけい：1944−）

　小椋　佳は、東京都出身のシンガーソングライター・作詞家・作曲家です。東京大学卒業後、大手銀行で働きながら音楽活動を展開していました。そして、50歳を機に銀行を退職し、音楽活動に専念しています。芸名の「小椋」姓は、大学3年生の時、滞在した福島県の周囲の住民に「小椋」姓が多かったことから命名したものと言われています。

子どもと音楽　連符

　音符の長さ（音価）は、全音符を基本として1/2、1/4、1/8、と分ける場合と、さまざまな音符を1/3、1/5、1/6と分ける場合があります。後者を「連符」と言い、新しい音楽の流れをつくったり、音楽に弾みをつけたりすることができます。

オニはうちでひきうけた

新沢としひこ　作詞
中川ひろたか　作曲
木許　隆　編曲

子どもと生活　鬼・オニ・おに

　鬼は、民話などに出てくる日本の妖怪と考えられています。日本では、そのイメージを「強い」、「悪い」などと捉えています。そして、頭に1本もしくは2本の角が描かれます。肌の色は、赤や青などさまざまで、「赤鬼」、「青鬼」などと言われています。また、人を食べてしまうと考えられることもあります。その一方で、鬼には苦手なものがあるということも知られています。例えば、葉や茎などで臭いのきついもの、尖ったものなどが苦手とされています。

子どもと生活　祭

　祭は、寺社を舞台として行われます。その目的は、招福祈願、厄除祈念などさまざまです。また、節句などが発展して行われるものや、成就に感謝して行われるものもあります。しかし、同じ目的をもっている祭でも、祭祀の様式、趣向、伝統などが地方や地域によって大きく異なります。

目　的	意　味
安寧長寿	平穏で心安らかに長生きすること。
疫病退散	悪性の伝染病、はやり病などが収束もしくは終息すること。
家内安全	家族に事故や病気がないこと。家族全員が元気であること。
五穀豊穣	五つの穀物（米、麦、粟、黍、豆）が実り豊かなこと。
子孫繁栄	生まれてくる子や孫が栄えて発展すること。
商売繁盛	商いや生活の基盤になっている仕事などが賑わい栄えること。
祖先崇拝	自らの家系の先代以前の人々を尊ぶこと。
大漁追福	漁をして大きな収穫を得るが、その命の冥福を祈ること。その命に感謝すること。
天下泰平	世の中が平和でよく治まっていること。心配のないこと。
夫婦円満	夫婦の仲の調和がとれ、穏やかなこと。その様子のこと。
豊楽万民	物が豊かにあり、みんなが暮らしを楽しむこと。
無病息災	病気にかからず、健康であること。

おはようのうた

増子とし 作詞
本多鉄麿 作曲
木許 隆 編曲

子どもと生活　あいさつの種類

　あいさつは、新たに顔を合わせたときや、別れるときに行われる礼儀として行われる言葉や、動作のことをさしています。

朝に会ったとき「おはよう」	寝る前「おやすみ」
送り出すとき「いってらっしゃい」	初めて会ったとき「はじめまして」
お詫び、謝罪するとき「ごめんなさい」	離れていくとき「いってきます」
歓迎するとき「いらっしゃい」	昼間に会ったとき「こんにちは」
感謝するとき「ありがとう」	迎えるとき「おかえり」
感謝に対して「どういたしまして」	戻ってきたとき「ただいま」
食事の前「いただきます」	許しを求めるとき「すみません」
食事の後「ごちそうさま」	呼び出し、呼び止めのとき「もしもし」
建物、部屋に入るとき「おじゃまします」	夜に会ったとき「こんばんは」
建物、部屋を出るとき「失礼しました」	別れるとき「さようなら」

おひさまきらきら

まど・みちお　作詞
越部信義　作曲
木許　隆　編曲

子どもと生活　　太陽のプロフィール

　太陽の直径は、約1,390,000kmで、地球が横に109個並ぶ大きさです。体積は、地球の約1,300,000倍です。質量（重さ）は、地球の約330,000倍です。どの数字も、想像がつかない数字です。

　地球から太陽の距離は、約150,000,000kmです。飛行機（ジェット機）で行くなら約17年、自転車で行くなら約570年、歩いて行くなら約2000年かかります。

　太陽の温度は、表面が約6,000度、黒点（表面の黒いシミ）が約3,800度です。陶器を焼く窯は、1,260度まで温度を上げて焼きます。ピザを焼く窯は、約400度です。

子どもと生活　　月のプロフィール

　月の直径は、約3476kmで、地球の約1/4の大きさです。体積は、地球の約1/50です。質量は、地球の約1/81です。

　地球から月の距離は、約380,000kmです。飛行機で行くなら約16日、車で行くなら約6ヶ月、歩いて行くなら約11年かかります。

　月の重力は、地球の約1/6でほとんど大気がないため、昼夜の温度差が非常に大きくなります。月の赤道付近では、昼間110℃、夜間マイナス170℃となるようです。

お舟はぎっちらこ

井上　徹　作詞
江沢清太郎　作曲
木許　隆　編曲

ポイント

　この曲では、うたいながら子どもと手をとり、ボートをこぐように前後に動いて楽しみましょう。このあそびは、子ども同士でも楽しむことができます。また、背中合わせになっても楽しむことができます。

92

おへそ

佐々木美子 作詞
作曲
木許 隆 編曲

お星様

都築益世 作詞
團 伊玖磨 作曲
木許 隆 編曲

演奏のポイント

　この曲は、4/4 拍子で始まりますが、途中で 2/2 拍子に変わります。楽譜の読み間違いには、十分注意しましょう。

子どもと生活　星の数

　銀河系の中に自分で輝いている星は、約 100,000,000,000 個以上あります。地球のような自ら輝いていない星も数に入れると、その数は、10 倍以上になります。また、夜空で最も明るい星を 1 等星、次に明るい星を 2 等星というように、明るさで分類しています。

おまつりワッショイ

きたかみじゅん　作詞
吉原　順　作曲
木許　隆　編曲

子どもと生活　「かけごえ」と「あいのて」

　「かけごえ」は、人に呼びかける声のことをさしています。芝居や競技などで応援したい人に呼びかけたり、勢いをつけたり、リズムをとったりします。

　「あいのて」は、邦楽で唄の間に伴奏楽器のみで演奏する部分や、歌や踊りのリズムに合わせて手拍子を入れたり、言葉を入れたりすることをさしています。

子どもと生活　ワッショイの由来

　ワッショイの由来には、神輿（みこし）をみんなで背負う「和背負え（わしょえ）」が由来となっている説や、力を合わせる「和一処（わいっしょ）」が由来となっている説、神社から神霊が出てこられたことを知らせるかけごえ「和上同慶（わじょうどうけい）」が由来となっている説などがあります。

おぼろ月夜
（共通教材第6学年）

文部省唱歌
高野辰之　作詞
岡野貞一　作曲
木許　隆　編曲

演奏のポイント

　この曲には、難しい言葉がたくさん出てきます。言葉の意味を理解してうたいましょう。また、細かく強弱記号がついていますので、ていねいに表現しましょう。

楽曲紹介　　おぼろ月夜

　この曲は、1914年発行の『尋常小學唱歌（第六學年用）』に「朧月夜」として掲載されています。原曲は、二長調、3/4拍子で、1947年告示の「学習指導要領音楽編（試案）」では、第5学年音楽教材一覧表にハ長調に移調されて掲載されています。現在は、第6学年の共通課題として取り上げられています。

おぼろ月夜
（教科書掲載の楽譜）

子どもと音楽　「おぼろ月夜」に出てくる歌詞と意味

- 「朧（おぼろ）」：ぼんやりとかすんでいる様子や、はっきりしない様子
- 「入日（いりひ）薄れ」：夕陽の光が薄くなっていく様子
- 「山の端（は）」：山の端、山の裾、山の麓など
- 「におい（にほひ）」：目立つ色合い
- 「里曲（さとわ）」：集落、村落、人里
- 「火影（ほかげ）」：光
- 「かわず」：カエル
- 「さながら」：全て

子どもと生活　春の昆虫

春の昆虫には、テントウムシ、ミツバチ、モンシロチョウ、キアゲハ、ベニシジミ、クロオオアリ、ダンゴムシなどがいます。

子どもと生活　春の草花

春の草花には、カラスノエンドウ、ハコベ、タンポポ、ハルジオン、ナズナ、スミレ、ホトケノザ、レンゲソウ、スズメノテッポウなどがあります。

おもちゃのマーチ

海野　厚　作詞
小田島樹人　作曲
木許　隆　編曲

ポイント

　この曲の１番の歌詞に「おんま」とあります。原曲では、「おんま」とうたいますが、現在では、「おうま」とうたわれることもあります。

作詞者紹介　海野　厚（うんのあつし：1896−1925）

　海野　厚は、静岡県出身の童謡作家・俳人です。大学時代、童謡雑誌『赤い鳥』に投稿した作品が、北原白秋（きたはらはくしゅう：1885−1942）に認められて童謡作家になりました。しかし、結核にかかり28歳でこの世を去ることになりました。そのため、残っている作品は多くありません。

作曲者紹介　小田島樹人（おだしまじゅじん：1885−1959）

　小田島樹人は、岩手県出身の音楽教育者・作曲家です。東京音楽学校（現：東京藝術大学）を卒業後、東京都の小学校で働きながら、中山晋平（なかやましんぺい：1887−1952）らと「新童謡運動」を起こし、さまざまな童謡を発表しました。病気にかかり一旦、教員を辞めることになりましたが、故郷の秋田県へ戻り教鞭をとりました。

おやつ

則武昭彦 作詞 作曲

木許 隆 編曲

とけいが なります ぽん ぽん
ぽん おいしい おやつ いただき ましょ う ー

子どもと生活　おやつの歴史

　元禄時代（1688−1704）より以前の日本人の食事は、朝夕2食であったという記録があります。そして、農民が体力を維持するために、休憩時の軽食を取るようになりました。元禄時代以降、食事は1日3食となりましたが、この頃から「おやつ」という言葉が使われるようになりました。「おやつ」は時間の数えかた「八つ時（午後2〜4時頃）」からできた言葉だと言われています。明治維新を迎え、時間の数えかたが変わったため、「おさんじ（お三時）」という言いかたも生まれました。

　現在では、午前10時と午後3時をおやつの時間としています。

子どもと生活　デザート

　デザートは、一般的に食後の茶菓子や果物のことをさしています。そして、プリンやケーキ、アイスクリーム、果物などを思い浮かべるでしょう。西洋料理では、コース料理の後に出される食べ物や飲み物もデザートだと言われています。そして、甘く風味の良い菓子で食後の満足度を高めるためのものでもあります。

　西洋料理店では、料理をつくる「シェフ」に対し、デザートを専門的につくる「パティシエ」がいます。

　現在では、おやつとしてプリンやケーキなどを食べる習慣も生まれています。

お山のラジオ体操

相良和子　作詞
服部　正　作曲
木許　隆　編曲

演奏のポイント

　この曲の前奏にある 32 分音符は、装飾音のように演奏しましょう。

子どもと音楽　ラジオ体操

　ラジオ体操は、アメリカの保険会社が考案し、NHK ラジオが国民の体力向上と健康の保持、増進を目的として制作しました。ラジオ体操第一は、子どもからお年寄りまで一般の人が行うことを目的とした体操としてつくられ、ラジオ体操第二は、働き盛りの人が職場で行うことを目的とした体操としてつくられました。また、両腕を大きく回しながら屈伸したり、両脚を開閉しながら跳びはねたりするラジオ体操第三が放送された時期もありました。

かえるのうた

関根栄一　作詞
團　伊玖磨　作曲
木許　隆　編曲

作詞者紹介　関根 榮一（栄一）（せきねえいいち：1926-2005）

　関根榮一は、埼玉県出身の作詞家・童話作家です。1950 年に NHK ラジオ番組「幼児の時間」で「おつかいありさん（團伊玖磨 作曲）」を発表した後、子ども向けの歌を手がけるようになりました。また、1975 年に童謡集『おつかいありさん』を出版し、日本童謡協会の第 6 回日本童謡賞、第 6 回赤い鳥文学賞特別賞を受賞しました。

子どもと生活　夏の昆虫

　夏の昆虫には、クマゼミ、アブラゼミ、ギンヤンマ、シオカラトンボ、ゴマダラカミキリ、ミズカマキリ、オオスカシバ、ナガコガネグモなどがいます。

子どもと生活　夏の草花

　夏の草花には、ヒメジョオン、オオバコ、ネジバナ、ツユクサ、ノアザミ、ヒルガオ、イヌタデ、ヤブガラシ、エノコログサなどがあります。

かくれんぼ
(共通教材第2学年)

文部省唱歌
林　柳波　作詞
下総皖一　作曲
木許　隆　編曲

演奏のポイント

　この曲のリピート記号は、3回くりかえします。3回くりかえす中で、子どもの声が遠くへ離れていくようにうたいましょう。

楽曲紹介　　かくれんぼ

　この曲は、1941年発行の『ウタノホン（上）』に「カクレンボ」として掲載されています。原曲は、イ短調、2/4拍子で、1977年告示の「小学校学習指導要領」から現在まで第2学年の共通教材として掲載されています。わらべうたのように問いかけと答えがある曲で、子どもがかくれんぼを展開します。

子どもと生活　　かくれんぼのルール

　かくれんぼは、2人以上で行います。まず、鬼と子に分かれ、鬼は、柱や壁に顔をふせ、あらかじめ決められていた数を数えます。鬼が数を数えている間に、子は、鬼に見つからないよう隠れます。数を数え終えた鬼は、「もういいかい」と尋ねます。隠れきっていない子は、「まだだよ」と答え、隠れ終わっている子は、「もういいよ」と答えます。子が全員、隠れきったところから、鬼は、子を探し、全員発見されたところで終わります。

風

C. ロセッティ　作詞
西條八十　訳詞
草川　信　作曲
木許　隆　編曲

演奏のポイント

　この曲の伴奏にある重音は、軽快に演奏しましょう。特に、3拍目が間延びしないように注意しましょう。

作詞者紹介　Christina Georgina Rossetti（1830-1894）

　C. ロセッティは、イギリスの詩人です。1872年に発行した童謡集『シング・ソング（Sing - Song, a Nursery Rhyme Book 1872）』で、「Who has seen the wind?」という詩を発表しました。「風は見えないが風にゆれる木の姿は見える」というシンプルな情景を軸にして、日常の細やかな場面から観察眼や感受性を刺激する童謡と言われています。

肩たたき

西條八十　作詞
中山晋平　作曲
木許　隆　編曲

楽曲紹介　肩たたき

　この曲は、絵雑誌『幼年の友』1923 年 5 月号に発表されました。詩の内容は、陽の降り注ぐ日本家屋の縁側で、子どもがお母さんの肩たたきをしている様子を表しています。詩の中に、「お縁側には日がいっぱい」や「まっかなけし」が出てくるところから、10 月頃の小春日和と想像できます。

　「タントン タントン タントントン」の部分は、リズミカルなメロディが印象的です。しかし、楽譜をよく見ると、少しずつメロディが違っていることがわかります。

子どもと音楽　オノマトペ

　オノマトペは、擬音語、擬声語、擬態語などの総称として使われますが、日本では、擬声語に限定されて使われることも多く、カタカナで表されます。また、幼い子どもには、擬音語が名詞のように用いられることもあります。例えば、犬のことを「ワンワン」と言ったり、車のことを「ブーブー」と言ったりすることがあげられます。さらに、擬態語の多さは日本語の特徴とも言えます。例えば、「バラバラ」、「ジロジロ」、「キラキラ」、「モクモク」などがあげられます。

作詞者紹介　西條 八十 (さいじょうやそ：1892−1970)

　西條八十は、東京都出身の詩人・作詞家・仏文学者です。旧制中学校在学中にフランス文学者の吉江喬松 (よしえたかまつ：1880−1940) と出会い、文学の道へ進みました。その後、詩人としてだけでなく作詞家としても活躍しました。特に、戦後の歌謡曲の分野では有名です。

かたつむり
（共通教材第1学年）

文 部 省 唱 歌
作詞・作曲者不詳
木 許 　 隆 編曲

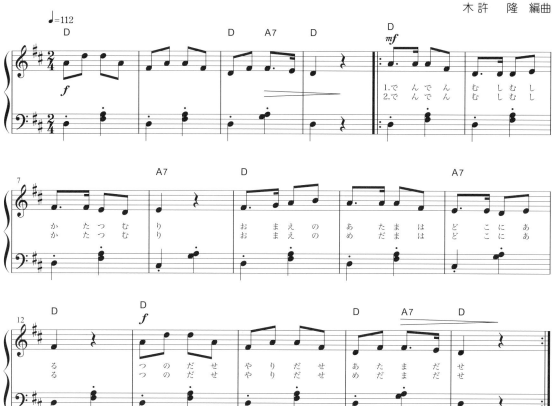

かたつむり
（教科書掲載の楽譜）

かもつれっしゃ

山川啓介 作詞
若松正司 作曲
木許 隆 編曲

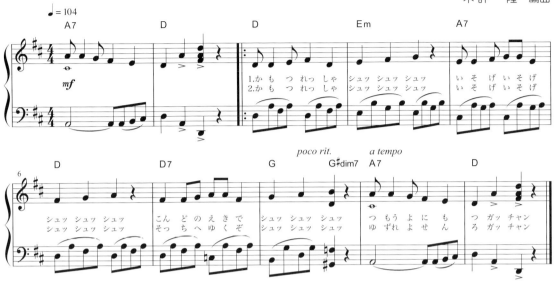

作詞者紹介　山川 啓介（やまかわけいすけ：1944−2017）

　山川啓介は、長野県出身の作詞家・脚本家です。本名は、井出隆夫（いでたかお）です。NHK子ども向け番組「おかあさんといっしょ」では、本名で脚本、構成、挿入曲の作詞まで幅広く手がけました。また、「にこにこぷん」、「ドレミファ・どーなっつ！」など数多くの番組制作に携わり、3500話を超える脚本を執筆し、劇中の歌を全て作詞しました。

作曲者紹介　若松 正司（わかまつまさし：1928−2009）

　若松正司は、東京都出身の作曲家・編曲家です。大学は、音楽系大学ではなく経済学部の出身で、卒業後、作曲を学びました。1955年からNHKの番組を中心に活動を展開し、1993年に「第23回日本童謡賞」を受賞するなど、子どものための音楽に対する高い評価を得ました。また、ヤマハ音楽振興会、日本作曲家協議会、日本童謡協会などで要職につきました。

子どもとあそび　みんなでつながろう

　みんなで歌をうたいながら列車ごっこを楽しみましょう。そして、「ガッチャン」の部分で向かい合った人と手を合わせ、ジャンケンをします。ジャンケンに負けた人は、勝った人の後ろにつきます。これをくりかえすと、1人が2人、2人が4人、4人が8人…となり、最後には、長い列車になります。ジャンケンの勝ち負けを楽しむことや、みんなでつながる楽しさを味わいましょう。

ガチャガチャバンド

富岡正男 作詞
アイルランド民謡
木許 隆 編曲

かっこう

小林 純一 作詞
ドイツ民謡
木許 隆 編曲

子どもと音楽　かっこうが出てくる作品

　フランスの作曲家 L. ダカン (Louis - Claude Daquin, 1694−1772) の「ロンド (2 RONDEAUX : L'HIRONDELLE / LE COUCOU)」、オーストリアの作曲家 E. アンゲラー (Edmund Angerer , 1740−1794) の「おもちゃの交響曲 (Toy Symphony)」、ドイツの作曲家 L.v. ベートーヴェン (Ludwig van Beethoven, 1770−1827) の「交響曲第 6 番 (Sinfonie Nr. 6 F-Dur Op. 68)」、フランスの作曲家 C. サン＝サーンス (Charles Camille Saint-Saëns, 1835−1921) の「動物の謝肉祭 (Le carnaval des animaux)」などに、かっこうを模倣した音楽が出てきます。

かなりや

西條八十 作詞
成田為三 作曲
木許 隆 編曲

演奏のポイント

この曲の 2/4 拍子から 3/8 拍子に変わる部分では、拍の感覚をしっかり持って演奏しましょう。

かまきりのうた

那須田　稔　作詞
高井達雄　作曲
木許　隆　編曲

作詞者紹介　**那須田　稔**（なずだみのる：1931－）

　那須田稔は、静岡県出身の詩人・児童文学作家です。大学卒業後、詩人として活動した後、1962年に『ぼくらの出航（講談社）』を発表し、児童文学作家としてデビューしました。また、1965年に『シラカバと少女（講談社）』で日本児童文学者協会賞を受賞するなど数多くの作品を残しています。

かもめの水兵さん

武内俊子 作詞
河村光陽 作曲
木許 隆 編曲

楽曲紹介 かもめの水兵さん

　この曲は、作詞家の武内俊子（たけうちとしこ 1905−1945）が、1993 年 9 月にハワイへ旅立つ叔父の見送りで横浜港へ行き、そこで見たかもめをモチーフにつくった童謡です。書きあがった原稿を作曲家の河村光陽（かわむらこうよう：1897−1946）に送り、すぐに曲をつけてもらったという記録が残っています。そして、1937 年にレコード発売されるとベストセラーになりました。また、運動会や学芸会などの演目としても人気となりました。

カラスの赤ちゃん

カレーライスのうた

関根栄一　作詞
服部公一　作曲
木許　隆　編曲

演奏のポイント

　この曲に出てくる擬音語「カカカ…」、「ラララ…」は、言葉を短くうたいましょう。

かわいい魚屋さん

加藤省吾　作詞
山口保治　作曲
木許　隆　編曲

河は呼んでいる

L'EAU VIVE「河は呼んでる」
作曲・作詞：Guy BEART
日本語詞：水野 汀子
©Copyright 1958 by WARNER CHAPPELL MUSIC FRANCE, Paris.
Rights for Japan assigned to SUISEISHA Music Publishers, Tokyo.

水野 汀子　作詞
G. ベアール　作曲
木許　隆　編曲

演奏のポイント

　この曲の伴奏にある重音は、軽快に演奏しましょう。特に、3拍目が間延びしないように注意しましょう。

楽曲紹介　河は呼んでいる

　この曲は、1958年に公開されたフランス映画「河は呼んでる（L' EAU VIVE, 1958）」の主題歌としてつくられた曲です。訳詞者の水野汀子（みずのていこ：1916-2000）は、声楽家として活躍していましたが、第二次世界大戦の終戦翌日からシャンソン歌手の道を歩んだという記録が残っています。また、音羽たかし（おとわたかし：1925-2009）訳詞や岩谷時子（いわたにときこ：1916 - 2013）作詞の歌詞も有名です。

子どもと音楽　「河は呼んでる（L' EAU VIVE, 1958）」あらすじ

　アルプスのふもとの小さな村で、百姓が娘（オルタンス）を残して亡くなります。その頃、村の近くのデュランス河には、ダム建設が始まっていました。近隣の村は、いずれダム湖に沈みます。オルタンスの父は、たくさんの土地を持ち、生前に賠償金30,000,000フランを受け取っていました。親戚は、オルタンスが成人を迎えるまでの後見人となるため集まります。しかし、大金がどこにあるのかわかりません。

　オルタンスは、公証人から親戚を1ヶ月ずつ回って暮らすよう言われます。親戚は、息子とオルタンスを結婚させようとしたり、暴力でオルタンスを征服しようとしたり、宗教をおしつけて利用しようとしたりします。しかし、オルタンスが心をひらいたのは、親類ののけ者シモンでした。オルタンスの不在を確認した親戚は家に侵入し大金を探し回ります。

　家に戻ったオルタンスは、屋根裏で遺産や大金を発見します。そのことを知った親戚は、オルタンスを間もなく湖に沈む家の地下室に閉じこめます。地下室のオルタンスのことを知らない村人は、村を離れ、ダムの貯水が始まります。オルタンスは、水が押し破った壁から脱出し、公証人や親戚の前に現れます。最後に大金をスクーターにくくりつけてシモンのもとへ向かいます。

ガンバリマンのうた

ともろぎゆきお　作詞
峯　　陽　作曲
木　許　隆　編曲

演奏のポイント

　この曲の歌詞に出てくる名前の部分は、お友だちの名前に替えて楽しみましょう。

子どもと生活　「がんばる・頑張る」の意味

　「がんばる・頑張る」は、もともと「我（が）に張（は）る」の音が変化したものです。また、「眼（がん）張（は）る」とも言われています。つまり、「頑張る」の漢字は当て字ということになります。意味は、困難にめげないで我慢してやり抜くこと、自分の考えや意志をどこまでも通そうとすること、ある場所を占めて動かないでいることなどさまざまです。

切手のないおくりもの

財津和夫　作詞
　　　　　作曲

木許　隆　編曲

作詞／作曲者紹介　財津 和夫（ざいつかずお：1948−）

　財津和夫は、福岡県出身のシンガーソングライター・音楽プロデューサー・俳優です。幼い頃からアメリカに憧れ、映画を見たり洋楽を聴いたりしていました。高等学校へ入学し、ビートルズ（The Beatles）の音楽と出会いギターを弾き始めました。大学時代は、吉田　彰（よしだあきら：1948−）らと和製ビートルズを目指して「ザ・フォーシンガーズ」を結成しました。その後、バンド名を「チューリップ」に改名して本格デビューしました。

汽車ぽっぽ

富原　薫　作詞
草川　信　作曲
木許　隆　編曲

演奏のポイント

この曲の前奏では、汽車が遠くからやってくる様子を表現しましょう。

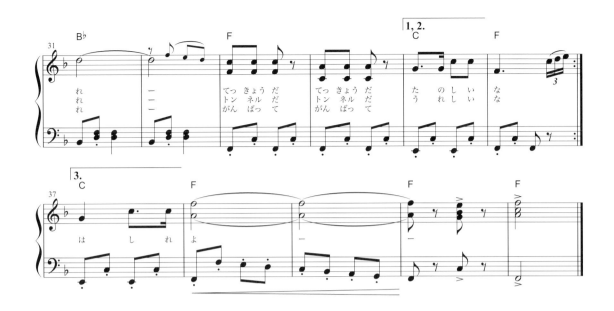

楽曲紹介　汽車ぽっぽ

　この曲は、富原　薫（ふはらかおる：1905－1975）が「兵隊さんの汽車」として舞踊童謡集『お花の兵隊さん（1937）』に発表した詩に、草川　信（くさかわしん：1893－1948）が曲をつけてレコード化されました。富原は、静岡県で国民学校（小学校）の教員をしていたため、御殿場駅から出征していく兵士とそれを見送る子どもの日常をうたっています。草川は、作曲にあたり F. シューベルト（Franz Peter Schubert, 1797－1828）作曲「三つの軍隊行進曲（Trois Marches Militaires für Klavier zu 4 Händen, D733, Op.51）を参考にしたと言われています。

「兵隊さんの汽車」（原作）

富原　薫

①
汽車汽車　ポッポポッポ
シュッポシュッポ　シュッポッポウ
兵隊さんを乗せて
シュッポシュッポ　シュッポッポウ
僕等も手に手に日の丸の
旗を振り振り送りませう
萬歳　萬歳　兵隊さん兵隊さん
萬歳　萬歳　兵隊さん兵隊さん
萬歳　萬歳　兵隊さん
萬々歳

②
汽車汽車　來る來る
シュッポシュッポ　シュッポッポウ
兵隊さんを乗せて
シュッポシュッポ　シュッポッポウ
窓からヒラヒラ日の丸の
旗を振ってく兵隊さん
萬歳　萬歳　兵隊さん兵隊さん
萬歳　萬歳　兵隊さん
萬々歳

③
汽車汽車　行く行く
シュッポシュッポ　シュッポッポウ
兵隊さんを乗せて
シュッポシュッポ　シュッポッポウ
まだまだヒラヒラ日の丸の
旗が見えるよ汽車の窓
萬歳　萬歳　兵隊さん兵隊さん
萬歳　萬歳　兵隊さん
萬々歳

汽車ポッポ

本居長世 作詞・作曲
木許 隆 編曲

演奏のポイント

この曲の前奏では、出発を知らせる笛の音、ゆっくりと動きだす汽車の様子を表現しましょう。

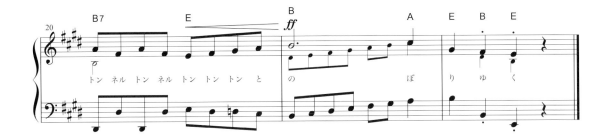

楽曲紹介　汽車ポッポ

　この曲は、1927年に本居長世（もとおりながよ：1885－1945）が作詞・作曲した曲です。当時の東海道本線（JR東日本）は、熱海駅（静岡県熱海市）と函南（かんなみ）駅（静岡県田方郡）の間にトンネルをつくっていました。当時は、御殿場駅（静岡県御殿場市）を経由するルートで運行していたため、その付近を通過するためには、列車が急勾配を駆け上がらなければなりませんでした。先頭の蒸気機関車が列車を引っぱり、最後に補助機関車を連結して、その機関車が後押しして運行されていました。

子どもと生活　トンネル

　トンネルは、道路、鉄道など交通路としてつくられる場合と、水道、電線などライフラインを敷設するためにつくられる場合があります。また、現在では少なくなりましたが、鉱物の採掘や物資の貯蔵などを目的としてつくられる場合もあります。特に、道路や鉄道では、山岳地帯の地形に合わせた曲線、つづら折れ、勾配などを回避するためのトンネルがつくられています。また、海底トンネルは、船の通行に影響が無くなるため、不可欠なものとなっています。

　トンネルには、入口と出口があり、起点に近い場所が入口になります。鉄道では、東京駅寄りの場所が入口になり、その反対側が出口になります。

子どもと生活　はしっこの駅

　日本には、約7,600もの駅があります。そして、路面電車の停留場などを合わせると、その数は9,900以上になります。その中でも、最北端にある駅は、北海道のJR稚内駅（北緯45度24分50秒）です。そして、最南端にある駅は、沖縄県のゆいレール赤嶺駅（北緯26度11分36秒）です。また、最東端にある駅は、北海道のJR東根室駅（東経145度36分04秒）、最西端にある駅は、沖縄県のゆいレール那覇空港駅（東経127度39分8秒）です。北海道と沖縄県に集中していることは、あまり知られていないようです。

　ちなみに、最も高いところにある駅は、長野県の駒ヶ岳ロープウェイ千畳敷駅（標高2,612m）、最も低いところにある駅は、北海道のJR吉岡海底駅（海抜-149.5m）です。

北風小僧の寒太郎

井出隆夫　作詞
福田和禾子　作曲
木許　隆　編曲

楽曲紹介　北風小僧の寒太郎

　この曲は、NHK 子ども向け番組「おかあさんといっしょ」の担当者が、「子ども向けの演歌があってもいいのではないか」と言いだしたことからつくられました。作詞者の井出隆夫（いでたかお：1944－2017）は、当時、人気があった時代劇のパロディーのつもりで、自身の故郷である長野県の冬の風景を思いだしながら作詞したと言われています。また、1974 年には、NHK「みんなのうた」に登場し、堺正章（さかいまさあき：1946－）と東京放送児童合唱団がうたいました。

子どもと生活　冬の風を表す言葉

　冬の風を表す言葉には、次のようなものがあります。

冬の風（ふゆのかぜ）・寒風（かんぷう）・木枯し・凩・木嵐（こがらし）・北風（きたかぜ）・朔風（さくふう）・からっ風（からっかぜ）あなじ・あなぜ・あなし・べっとう・星の入東風（ほしのいりごち）御影講荒（みえこうあれ）ならひ（ならい）・たま風（たまかぜ）・たば風（たばかぜ）・神渡し（かみわたし）・神立風（かむたつかぜ）・隙間風（すきまかぜ）・ひまもる風（ひまもるかぜ）・時雨（しぐれ）・北颪（きたおろし）・居吹（いぶき）・虎落笛（もがりぶえ）・御講凪（おこうなぎ）・大師講吹雪（だいしこうふぶき）・御誕生時化（おたんじょうしけ）・八日吹き（ようかぶき）・冬凪（ふゆなぎ）・寒凪（かんなぎ）・凍凪（いてなぎ）・節東風（せちごち）

君が代

（国歌）

古歌・詠み人知らず
林　広守　作曲

楽曲紹介　君が代

　江戸時代までの日本人は、「藩」の意識が根強く、「国」や「国家」という概念は無かったと言っても過言ではありません。明治維新以降、近代国家の仲間入りをした日本は、諸外国が国のシンボルとして国歌をもっていることに気づきます。1870年に古歌「君が代」を歌詞に選び、イギリス人の音楽教師 J. フェントン（John William Fenton, 1831－1890）に作曲を依頼します。しかし、日本人にはうたいにくい曲になりました。そこで、1880年に宮内省雅楽部の林　広守（はやしひろもり：1831－1896）が、雅楽のメロディで作曲しました。また、ドイツ人の音楽教師 F. エッケルト（Franz Eckert, 1852－1916）が、西洋の和声をつけて完成しました。

　こうしてつくられた「君が代」は、法律で国歌と定められたものではなかったため、国家と国民の同意によって国歌として用いられているだけでした。そして、1999年に「国旗及び国歌に関する法律」が公布・施行され、「君が代」が国歌となりました。

　歌詞の現代語訳は、「男性と女性が共に支えているこの世は、千年も幾千年もの間、小さな砂がさざれ石のように、やがて大きな盤石となって、苔が生じるほど長い間栄えていきますように。」というものです。

きょうから おともだち

サトウハチロー　作詞
佐々木すぐる　作曲
木許　隆　編曲

演奏のポイント

　この曲の後奏では、子どもが自分の席に戻ることや、次の準備に向かうことを促すことができます。

作曲者紹介　佐々木すぐる（ささきすぐる：1892－1966）

　佐々木すぐるは、兵庫県出身の音楽教育者・作曲家です。幼い頃、近所の人から笛を貸してもらったことで音楽を志すようになります。姫路師範学校（現：神戸大学）に進学し、郷里の小学校で教鞭をとりますが、作曲家の道を諦められず、東京音楽学校（現：東京藝術大学）へ進学したのち、浜松師範学校（現：静岡大学）で教鞭をとります。また、生涯に2000曲を超す童謡や子どもの歌を作曲しました。

今日の日はさようなら

金子詔一 作詞
作曲
木許 隆 編曲

きりんさん きりんさん

戸倉ハル 作詞
小谷 肇 作曲
木許 隆 編曲

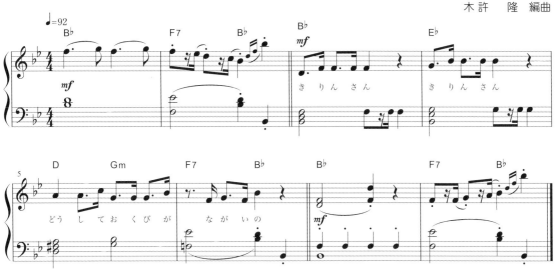

金魚のひるね

鹿島鳴秋 作詞
弘田龍太郎 作曲
木許 隆 編曲

129

銀ちゃんのラブレター

俵　万智　作詞
福田和禾子　作曲
木　許　隆　編曲

演奏のポイント

　この曲のガイド音符は、なるべく省略せず演奏しましょう。そして、リズムがもつ躍動感を感じましょう。

作詞者紹介　俵　万智（たわらまち：1962−）

　俵　万智は、大阪府出身の歌人です。1985 年に早稲田大学を卒業後、神奈川県立高校の国語科教員として働きながら、『野球ゲーム』で第 31 回角川短歌賞次席、『八月の朝』で第 32 回角川短歌賞を受賞しました。また、1987 年に第一歌集『サラダ記念日（河出書房新社）』を発行し、歌集としては異例のベストセラーとなりました。パロディやナンセンスなどを生かした娯楽的で軽妙な形式の詩（ライト・ヴァース）の分野の先頭を走り、口語短歌の裾野を一気に広げた詩人です。さらに、日常会話のなかで用いられるカタカナを使い、親しみやすい歌風で多くの人の心を掴んだと言われています。

くつが鳴る

清水かつら　作詞
弘田龍太郎　作曲
木許　隆　編曲

演奏のポイント

　この曲の伴奏にある和音は、軽快に演奏しましょう。ただし、音が強くなりすぎないように注意しましょう。

グッドバイ

佐藤義美 作詞
河村光陽 作曲
木許 隆 編曲

133

クラリネットをこわしちゃった

フランス民謡
石井好子 訳詞
服部克久 作曲
木許 隆 編曲

訳詞者紹介　石井 好子（いしいよしこ：1922−2010）

　石井好子は、東京都出身のシャンソン歌手・作家です。幼い頃からピアノを習っていましたが、ピアノを好きになれず、ピアノの先生から歌をうたうよう勧められました。東京音楽学校（現：東京藝術大学）では、ドイツ歌曲を中心に学び、1945 年からジャズ歌手として活躍しました。その後、サンフランシスコへ留学し、パリへ渡りシャンソン歌手としてデビューしました。また、『巴里の空の下オムレツのにおいは流れる（河出文庫）』はロングセラーとなっています。

グリーン・グリーン

GREEN GREEN
Words & Music by RANDY SPARKS and BARRY B. McGUIRE
©1963 NEW CHRISTY MUSIC PUBLISHING CO.
All Rights Reserved.
Print rights for Japan administered by Yamaha Music Entertainment Holdings, Inc.

片岡　輝　作詞
B. マクガイヤー　作曲
R. スパークス
木許　隆　編曲

演奏のポイント

　この曲は、8 ビートのリズムで演奏します。

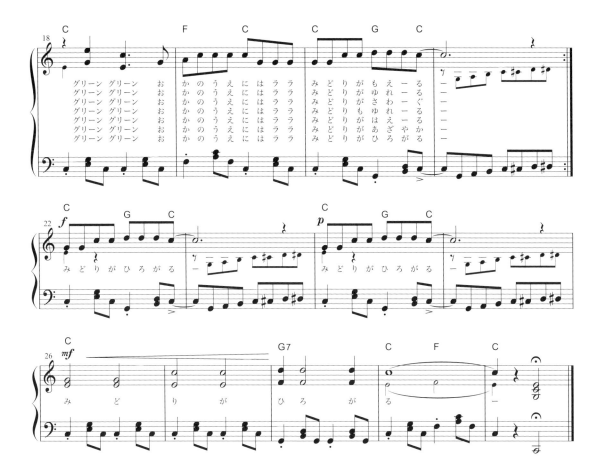

子どもと音楽　「グリーン・グリーン」の原詩

Green Green (1963) / The New Christy Minstrels

CHORUS : Green, green, it's green they say（グリーン グリーン 丘の向こうのずっと遠く）
　　　　　On the far side of the hill（そこは緑あふれる土地）
　　　　　Green, green, I'm goin' away（グリーン グリーン 僕は旅立つよ）
　　　　　To where the grass is greener still（緑かがやく希望の地へ）

1. a-Well I told my mama on the day I was born（生まれたその日にママに言ったんだ）
　　"Dontcha cry when you see I'm gone"（僕が出てっても泣かないでと）
　　"Ya know there ain't no woman gonna settle me down"（女性のために落ち着く気はないと）
　　"I just gotta be travelin' on"（僕はただささまよい続けると）
　　a-Singin'（歌いながら）

2. Nah, there ain't nobody in this whole wide world（この広い世界に誰もいない）
　　Gonna tell me to spend my time（好きなように生きろと言ってくれる人なんて）
　　I'm just a good-lovin' ramblin' man（僕は愛に満ちた放浪者）
　　Say, buddy, can ya spare me a dime?（なあ相棒 小銭を貸してくれないか？）
　　Hear me cryin', it's a（涙が出てくるよ）

3. Yeah, I don't care when the sun goes down（そうさ いつ日が暮れてもお構いなしさ）
　　Where I lay my weary head（どこだって疲れた頭を横にできる）
　　Green, green valley or rocky road（緑あふれる希望の地よ）
　　It's there I'm gonna make my bed（そこへ これからたどりつく）
　　Easy, now（気楽に行こう）

げんこつやまのたぬきさん

香山美子　作詞
小森昭宏　作曲
木許　隆　編曲

演奏のポイント

　「げんこつやまのたぬきさん…」の部分では、リズムを正確に演奏して躍動感を出しましょう。また、スラーがついている部分は、ペダルを効果的に使うなどして、なめらかに演奏しましょう。

子どもと音楽　わらべうた

　わらべうたは、子どもが遊びながらうたう歌や、以前から子どもの間でうたい継がれている歌をさして
います。また、「伝承童謡」や「自然童謡」と言われることもあります。日本のわらべうたは、「あそ
びうた」、「かぞえうた」、「えかきうた」、「こもりうた」などに分類されます。そして、一部の研究者か
らは、「民謡として分類する」という意見もあるほどです。あそびうたの数は、特に多く、「てまりうた」
を含む一人あそびの歌や、二人組のあそび歌、集団あそびの歌など様々です。

月火水木金土日のうた

谷川俊太郎　作詞
服部公一　作曲
木許　隆　編曲

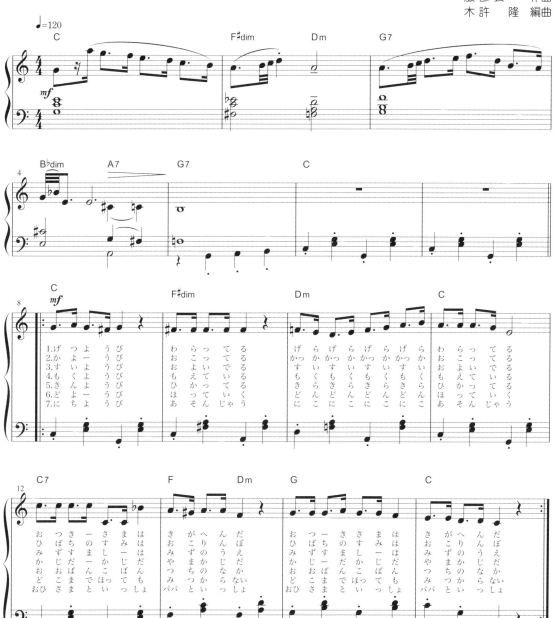

作詞者紹介　谷川俊太郎（たにかわしゅんたろう：1931−）

　谷川俊太郎は、東京都出身の詩人・翻訳家・絵本作家です。1948年から詩作を行い、作詞や脚本の分野でも活躍しました。そして、1962年に「月火水木金土日のうた」で第4回日本レコード大賞作詞賞を受賞しました。翻訳の分野では、J.ウェブスター（Jean Webster, 1876−1916）作『あしながおじさん（Daddy-Long-Legs, 1912）』や、L.レオーニ（Leo Lionni, 1910−1999）作『スイミー：ちいさなかしこいさかなのはなし（Swimmy, 1963）』などを日本中に紹介しました。

鯉のぼり

（共通教材第5学年）

文 部 省 唱 歌
作 詞 者 不 詳
弘田龍太郎 作曲
木 許 隆 編曲

黄金虫

野口雨情　作詞
中山晋平　作曲
木許　隆　編曲

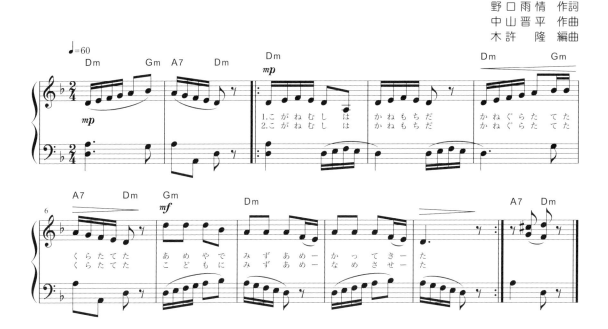

1.こがねむし　は　かねもちだ　かねぐらたてた　てた
2.こがねむし　は　かねもちだ　かねぐらたてた　てた

くらたてた　あめやでみずあめ―　かってきーた　た
くらたてた　こどもにみずあめ―　なめさせー　た

演奏のポイント

　この曲では、メロディを追いかけるように伴奏が動きます。歌の音程が不安定になる可能性がありますので、伴奏が強くなりすぎないように注意しましょう。

楽曲紹介　黄金虫

　この曲は、童謡雑誌『金の塔』1922 年 7 月号に楽譜つきで発表されました。野口は、黄金虫の黄金色の羽に着目し、きっと金持ちで金蔵を建てるはずだと想像して物語を組み立てました。そして、中山の短調の曲は、落ち着いた雰囲気を出すことなくユーモラスな作品となっています。レコード化されると同時にラジオでも放送され、子どもがおおらかにこの歌を受け入れたのではないかと言われています。

子どもと生活　夏の風を表す言葉

　夏の風を表す言葉には、次のようなものがあります。

麦嵐（むぎあらし）・黄雀風（こうじゃくふう）・沖南風（おきはえ）・菖蒲東風（しょうぶこち）・茅花流し（つばなながし）・筍流し（たけのこながし）・やませ・節の西風（せつのにしかぜ）・南風（はえ）・正南風（まはえ）・南東風（はえごち）・南西風（はえにし）・沖南風（おきはえ）・黒南風（くろはえ）・白南風（しろはえ）・新南風（あらばえ）・いなさ・ひかた・青嵐（あおあらし）・南風（みなみ）薫風（くんぷう）・まぜ・湿風（しっぷう）・饗の風（あいのかぜ）・だしかぜ・熱風（ねっぷう）・かんだち・くだり・青東風（あおごち）・さにし・土用あい（どようめい）　御祭風（ごさい）・土用東風（どようごち）・風死す（かぜしす）・土用凪（どようなぎ）・朝凪（あさなぎ）・夕凪（ゆうなぎ）・温風（おんぷう）・涼風（すずかぜ・りょうふう）

こじか

小林純一　作詞
中田喜直　作曲
木許　隆　編曲

演奏のポイント

　この曲の伴奏は、軽快に演奏しましょう。また、テンポが遅くならないように注意しましょう。

子どもと生活　奈良の鹿

　「万葉集」には、奈良の鹿の歌が詠まれています。767 年に春日神社が創建され、野生の鹿は「神鹿（しんろく）」と言われるようになりました。しかし、当時から飛びだしてきた鹿で住民がケガをしたり、鹿に畑を荒らされたりというトラブルが続いていました。そして、1678 年以降、鹿のツノを切るようになり、1871 年に鹿による農作物被害を無くすため、鹿苑をつくり収容しました。

　野生の鹿は、鹿苑に慣れず、さまざまな理由で 38 頭にまで激減してしまいます。1876 年に再度、野生へ還し、旧興福寺を中心に奈良公園をつくりました。第二次世界大戦末期から戦後の混乱期には、密猟によって 79 頭まで減少することもありましたが、現在は 1000 頭前後で安定しています。

　また、住民の鹿への愛着と共存意識が強くなり、修学旅行など観光の復活とともに、その存在は、全国的に知られるようになりました。

子鹿のバンビ

坂口　淳　作詞
平岡照章　作曲
木許　隆　編曲

演奏のポイント

　この曲は、スタッカートとスラーを区別することが大切となります。スタッカートの音が短くなりすぎないように注意しましょう。

作詞者紹介　坂口　淳（さかぐちじゅん：1908−1974）

　坂口　淳は、長野県出身の作詞家です。上京後、写真館で働きながら、西条八十（さいじょうやそ：1892−1970）に師事しました。1941−1945年は戦争に召集されましたが、復員後、キングレコードの専属作詞家になりました。1956年に童謡誌『熊ん蜂』を創刊し、そのなかから多くの童謡詩人を輩出しています。「子鹿のバンビ」は、ディズニー映画「バンビ（Bambi, 1942 / The Walt Disney Company）」を参考にして書いたと言われています。

五匹の子ぶたとチャールストン

N. マルキン　作詞
漣　健児　訳詞
F. モーガン　作曲
木許　隆　編曲

子守唄

野上　彰　作詞
團　伊玖磨　作曲
木許　隆　編曲

子どもと音楽　子守唄

　子守唄（こもりうた）は、子どもをあやしたり、寝かしつけたりするためにうたわれる歌をさしています。世界中にさまざまな歌があり、母親から子へ、子から孫へとうたい継がれていくものです。子どもを抱いたり、ゆらしたりしながらうたうため、「揺籃歌（ようらんか）」とも言われます。また、クラシック音楽でも子守唄と名づけた小品は多く、F.シューベルト（Franz Peter Schubert, 1797–1828）やJ.ブラームス（Johannes Brahms, 1833–1897）の子守唄は、特に有名です。

子もり歌（陽旋法・律音階）
（共通課題第5学年）

日本古謡

1.ねん　ねや　んの　　　こ　ろ　り　よは　　　おど　こに　ろへ　も　りいっ　　よた　た
2.ぼう　　　　　　　　　　おみ　もや　げ　　　　　　　　　　　　　　　　　　　　　　
3.さ　　や　と　　　　　　み　や　　　に　　　な　　　　　　　らっ　　　

ぼあ　うの　やや　はま　　よこ　いー　こえ　だてに　　ねさ　んとう　ねへ　の　しいっ　　なたえ
で　ん　やで　ん　　　こだ　い　こ　　　　しょ　　　　　　　ふ

子もり歌（陰旋法・都節音階）
（共通課題第5学年）

日本古謡

1.ねん　ねや　んの　　　こ　ろ　り　よは　　　おど　こに　ろへ　も　りいっ　　よた　た
2.ぼう　　　　　　　　　　おみ　もや　げ　　　　　　　　　　　　　　　　　　　　　　
3.さ　　や　と　　　　　　み　や　　　に　　　な　　　　　　　らっ　　　

ぼあ　うの　やや　はま　　よこ　いー　こえ　だてに　　ねさ　んとう　ねへ　の　しいっ　　なたえ
で　ん　やで　ん　　　こだ　い　こ　　　　しょ　　　　　　　ふ

子どもと音楽　日本の音階

日本の音楽は、次の4つの音階が基本となってつくられています。音の配列を確認しましょう。

ゴリラのうた

上坪マヤ　作詞
峯　　陽　作曲
木許　隆　編曲

子どもと生活　ゴリラのドラミング

　ゴリラが２本足で立ちあがり、激しく胸を叩きながら敵を威嚇する姿は、大変印象的です。この行動は「ドラミング」と言われ、太鼓（ドラム）を打っているかのような行動が、この名前の由来となっています。動物が鳴き声以外の方法で音をたてることを「ドラミング」と言い、ゴリラが激しく胸を叩く様子以外に、キツツキが木の幹をつつくことなども同じであるとされています。

　ゴリラのドラミングは、拳で胸を叩くのではなく、手のひらで胸を打っています。そして、ドラミングの音は、2km 先にいるゴリラまで聞こえると言われています。また、興奮したときだけでなく、喜びを表現したり、仲間を誘ったりするときにも使うようです。

子どもと生活　アフリカの国

　アフリカは、アフリカ大陸とその周辺のマダガスカル島など、島嶼（とうしょ）・海域を含む地域をさしています。そして、54 の独立国があります。また、サハラ砂漠が大きな境界となり、北アフリカ、中部アフリカ、東アフリカ、南部アフリカ、西アフリカと５つの地理的区分をする場合があります。

子どもと音楽　トーキングドラム

　西アフリカには、太鼓を用いて遠距離と通信する民族がいます。通信用の太鼓は、両面太鼓の一種で声調や韻律を模倣しながら打ちます。また、太鼓には音程を変えるための調整用紐を張り、音程を調整しながら太鼓を打ちます。トーキングドラムは、長文のようなメッセージを送ることが可能で、ブルキナファソ（ブルキナ共和国）のモシ人は、歴史口承をトーキングドラムで行っています。

こんぺいとう

関根栄一　作詞
湯山　昭　作曲
木許　隆　編曲

演奏のポイント

　この曲の前奏と後奏では、キラキラと輝く金平糖を音楽で表現しましょう。

子どもと生活　南蛮からやってきたお菓子

　1543年、ポルトガル船が種子島付近に漂着したことをきっかけに、キリスト教や鉄砲などが日本へ伝わりました。そして、カステラやビスケット、金平糖などのお菓子も伝わりました。それまでの和菓子と違った原料やつくり方は、和菓子の世界にも新しい風を吹かせました。特に、白砂糖は日本にあるお菓子の味を大きく変えることになりました。

さくらさくら
（共通教材第４学年）

日　本　古　謡
音楽取調掛編詞・編曲
木　許　隆　編曲

ポイント

　この曲は、江戸時代に箏の手ほどき曲としてつくられたものです。

子どもと音楽　音楽取調掛

　音楽取調掛は、1879 年に文部省に設けられました。そこでは、西洋音楽や西洋音楽を用いた音楽教育の調査や研究が行われました。1880 年にアメリカから I.W. メイソン（Luther Whiting Mason, 1818–1896）を招き、国内外の音楽を比較したり、雅楽や邦楽を西洋音楽と合わせたり、小学校の教材をつくったりしました。また、音楽を広めていける人材の発掘と教育にも力を注ぎました。さらに、1887 年には官立東京音楽学校を創設しました。

さむいことって

小春久一郎　作詞
小谷　肇　作曲
木許　隆　編曲

演奏のポイント

　この曲は、歌詞のフレーズごとに役割を決めてうたいましょう。そして、歌詞の意味を十分理解して
うたいましょう。

里の秋

斎藤信夫 作詞
海沼實 作曲
木許隆 編曲

作詞者紹介　斎藤 信夫 (さいとうのぶお：1911－1987)

　斎藤信夫は、千葉県出身の教員・童謡作詞家です。千葉師範学校（現：千葉大学）を卒業後、小学校の教員になりました。しかし、終戦をむかえ、これまでの自身の教育を反省し、教壇から去ることを決意しました。その後、童謡をとおして子どもや動物を表現しながら、中学校の教員として再出発します。教職のかたわら詩作に取り組み、教材雑誌にも投稿し続けていました。

子どもと生活　子どもと生活　秋の草花

　秋の草花には、オミナエシ、ヨメナ、コゴメガヤツリ、ジュズダマ、アケビ、カラスウリ、アレチヌスビトハギ、アメリカセンダングサ、ドングリ（クヌギ）などがあります。

子どもと生活　秋の風を表す言葉

　秋の風を表す言葉には、次のようなものがあります。

秋風（あきかぜ）・金風（きんぷう）・素風（そふう）、色なき風（いろなきかぜ）・鳩吹く風（はとふくかぜ）・鯉魚風（りぎょかぜ）・爽籟（そうらい）・秋の初風（あきのはつかぜ）・初嵐（はつあらし）・荻の声（おぎのこえ）・青北風（あおきた）・盆東風（ぼんごち）・盆北風（ぼんきた）・送南風（おくりまじ）・後れ南風（おくれまじ）・浜西（はまにし）・裏白（うらじろ）・野分（のわき）・台風（たいふう）・やまじ・おしあな・鮭嵐（さけおろし）・雁渡（かりわたし）・青北風（あおきた）・高西風（たかにし）・黍嵐（きびあらし）大西風（おおにし）

さよならさんかくまたきてしかく

松谷みよ子　作詞
福田和禾子　作曲
木許　隆　編曲

作詞者紹介　松谷みよ子（まつたにみよこ：1926-2015）

　松谷みよ子は、東京都出身の児童文学作家です。11歳で父を亡くし、大学へ進学せず大手銀行に就職しました。1945年に東京の空襲が激しくなり、家族とともに長野県に疎開した先で、児童文学作家の坪田譲治（つぼたじょうじ：1890-1982）と出会いました。そして、1951年には、童話集『貝になった子供（あかね書房）』を出版し、第1回児童文学者協会新人賞を受賞しました。また、1960年に「龍の子太郎」を再創造し、第1回講談社児童文学作品を受賞、同書で第8回産経児童出版文化賞、国際アンデルセン賞優良賞などを受賞しました。

子どもと音楽　言葉あそび

　言葉あそびは、同じ響きをもつ言葉のリズムを楽しんだり、言葉から連想されるおもしろさを楽しんだりするあそびです。ダジャレ（駄洒落）を言うことも言葉あそびのひとつです。

さわると秋がさびしがる

サトウハチロー 作詞
中田喜直 作曲
木許 隆 編曲

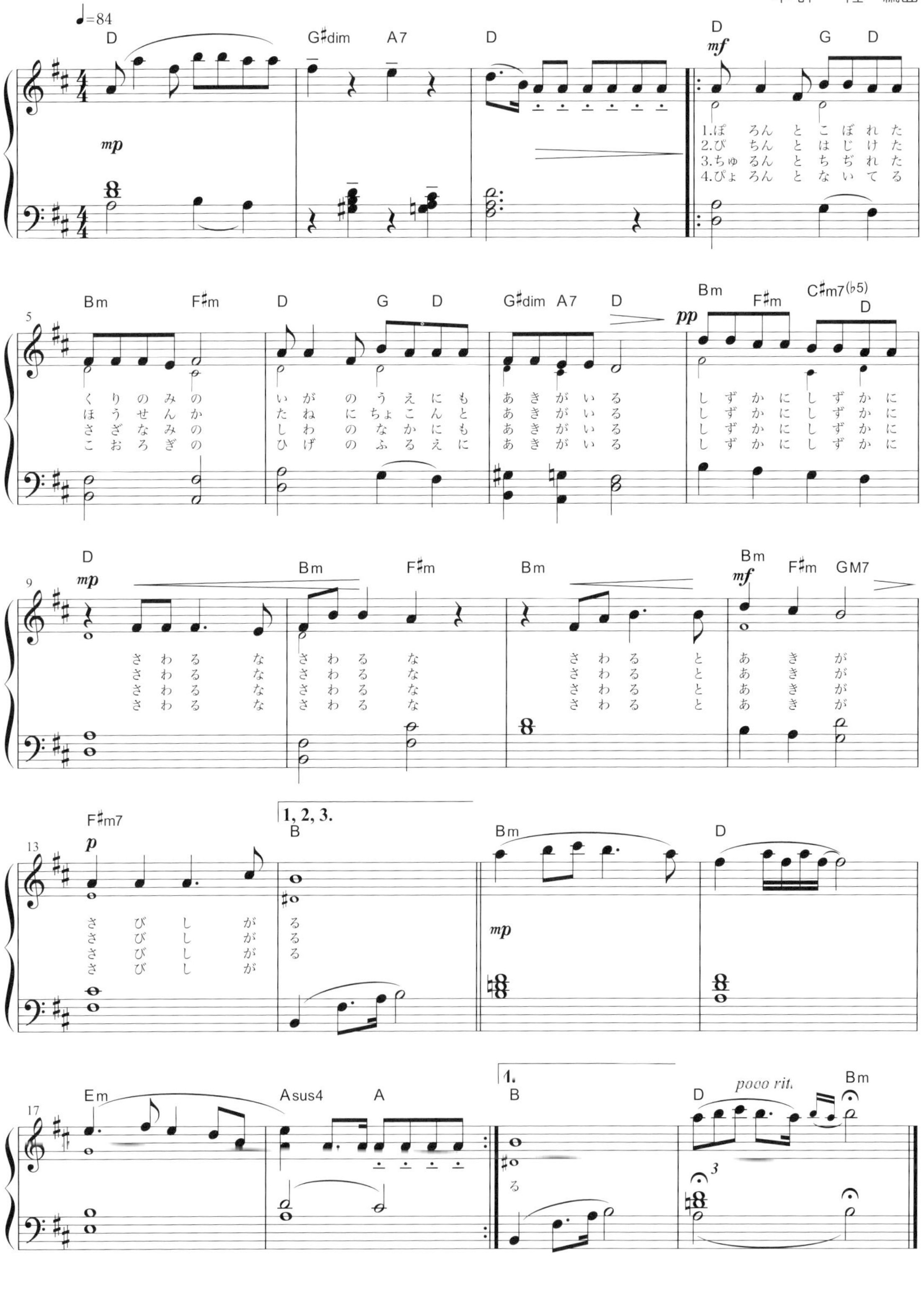

スキー

時雨音羽 作詞
平井康三郎 作曲
木許 隆 編曲

159

ジグザグおさんぽ

高見　映　作詞
越部信義　作曲
木許　隆　編曲

※ ゲームやおまじないなど、二つのグループに分かれてあそびましょう。
例　A：セーノ！　B：カラブリ！
A：セーノ！　B：しっぱい！
A：パパヤパヤパヤ　B：パパヤパヤパヤ

160

作詞者紹介　高見　映（たかみえい：1934−）

　高見　映は、京都府出身の作家・俳優です。現在の芸名は、「高見のっぽ」と言います。芸人、奇術師、俳優、工場長など、さまざまな仕事をこなし、NHK子ども向け番組「できるかな」のノッポさん役に抜擢されました。それ以降、ジェスチャーだけのキャラクターを演じ続けました。

しまうまグルグル

遠藤幸三　作詞
乾　裕樹　作曲
木許　隆　編曲

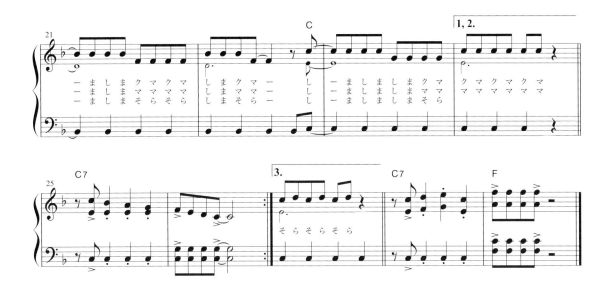

作曲者紹介　乾　裕樹 （いぬいひろき：1949-2003）

　乾　裕樹は、東京都出身の作曲家・編曲家です。東京藝術大学で作曲を学び、卒業後、アコースティック・フュージョンバンド「カリオカ」に参加しました。また、TV アニメ、劇音楽など、さまざまな分野に曲を提供しました。特に、NHK 子ども向け番組「おかあさんといっしょ」や「みんなのうた」では、子どもが楽しむことのできる音楽を作曲しました。

子どもと生活　シマウマのシマ

　アフリカのサバンナ地域に住んでいるシマウマのシマは、昔から「ライオンなどの敵に見つかりにくくするため」と言われていました。しかし、シマウマ以外にシマのある動物はいません。数多くの研究者がシマの調査を進めたところ、シマウマの生息地によって、シマの黒い線の数や太さに差があったり、シマの濃さに差があったりすることがわかりました。調査のなかで、暑いところに住むシマウマほど、シマの数が多く黒い色が濃いということがわかりました。そして、シマウマのシマは、皮膚表面近くの温度を低くする働きがあるという考えも生まれました。実際に皮膚表面の温度を計ってみると、同じ地域に住んでいるシマの無い動物に比べ、シマウマの皮膚表面が 3℃も低いということがわかりました。

ジャングルポケット

長谷川勝士　作詞
福田和禾子　作曲
木許　隆　編曲

演奏のポイント

　この曲は、1つの音符に複数の歌詞がついています。音を分割したり統合したりしながら、うたいやすいように楽譜を変えても問題ありません。

作詞者紹介　長谷川勝士（はせがわかつし：1950−）

　長谷川勝士は、兵庫県出身の放送作家・テレビプロデューサー・作詞家です。学生時代から大倉徹也（おおくらてつや：1932−2019）に師事し、放送作家を目指しました。22歳で放送作家としてデビューし、当時人気のあったアイドルグループのステージ構成や演出を行ったり、海外からのアーティストの密着取材を行ったりしました。

子どもと生活　ジャングル

　ジャングルは、ヒンディー語の「jangal」に由来し、人が生活する周辺にある森林などをさしていました。必ずしも生物学のなかで用いられる言葉ではなく、「つる植物、タケ類、ヤシ類などが生い茂った亜極相熱帯雨林」と記載された植物学事典（Oxford Dictionary of Plant Science）がある程度です。また、日本語の辞書でも、「樹木が密生し下生えの繁茂した熱帯の森林」という程度の記載があるだけです。つまり、定義のようなものは決まっていないようです。

証誠寺の狸ばやし

野口雨情　作詞
中山晋平　作曲
木許　隆　編曲

演奏のポイント

　この曲は、歌詞を短くうたいましょう。そして、曲がもつ雰囲気をつくりましょう。また、２番の歌詞に出てくる「負けるな」の部分は、言葉に重みをもたせてうたいましょう。

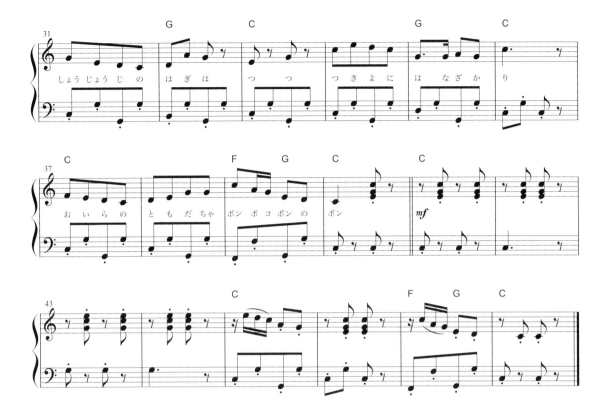

子どもと音楽　「證誠寺の狸伝説」あらすじ

　昔、證誠寺（千葉県木更津市）の周りは、「鈴森」と呼ばれ、竹やぶで覆われた薄気味悪い場所でした。そして、夜になると一つ目小僧やろくろ首などが現れると噂されました。

　證誠寺に新しい和尚がやって来て、和尚の前には毎晩、一つ目小僧やろくろ首が現れるようになりました。その正体は、鈴森に住むタヌキで、タヌキは、様々な怪物に化けて訪れる人たちを驚かせ楽しんでいました。ところが、和尚が全く驚かないため、親分タヌキは、「和尚を驚かせてやろう。」と言いだします。

　秋の夜、境内で大騒ぎしている声が聞こえました。和尚が目を覚まし、外の様子をうかがっていると、お囃子が聞こえてきました。こっそり境内を覗くと、境内の真ん中で親分タヌキが腹を打ちながらポンポコと調子を取り、それを囲むようにたくさんのタヌキがうたい踊っていました。

　それを見た和尚は、楽しい気持ちになり、自慢の三味線を持って境内に出て行きました。親分タヌキは、「まだ驚かないのか」とばかりに、さらに大きな音で腹太鼓を打ちます。和尚は、それに負けないよう三味線で対抗し、音楽合戦をくりひろげました。

　それから毎晩、和尚とたくさんのタヌキは、うたい踊りましたが、4日目になってタヌキが現れないので、和尚は不思議に思っていました。翌朝、境内で腹太鼓を打っていた親分タヌキが亡くなっていました。それを不憫に思った和尚は、親分タヌキを弔いました。

スキーの歌
（共通教材第5学年）

文 部 省 唱 歌
林　柳 波　作詞
橋 本 国 彦　作曲
木 許　隆　編曲

スキーの歌
（教科書掲載の楽譜）

楽曲紹介　スキーの歌

　この曲は、1932 年発行の『新訂尋常小學唱歌（第六学年用）』に初めて掲載されました。原曲は、イ長調、4/4 拍子で、1977 年告示の「小学校学習指導要領」から現在まで第 5 学年の共通教材としてト長調で取り上げられています。スキーで滑走する爽快な気持ちを表し、躍動感みなぎる歌としてうたい継がれています。

作曲者紹介　橋本　國彦（はしもとくにひこ：1904－1949）

　橋本國彦は、東京都出身のヴァイオリニスト・指揮者・音楽教育者です。東京音楽学校（現：東京藝術大学）でヴァイオリンを J. ケーニヒ（Josef König, 1875－1932）に、指揮を C. ラウトロプ（Charles Lautrup, 1894－1932）に師事しました。また、研究科へ進み作曲を学びました。有望視された橋本は、文部省からウィーンへ留学するよう言われます。帰国後は、日本の西洋音楽界きってのモダニストとして、作曲家・編曲家としても活躍しました。

スキップキップ

まど・みちお　作詞
渡辺　茂　作曲
木許　隆　編曲

子どもと音楽　スキップの練習

　スキップは、幼い子どもにもできる（できるようになる）と言われています。①から③を確認して練習しましょう。

① 足の筋力は足りていますか
　　外あそびをしない子どもやあまり外出しない子どもは、足の筋力が弱いものです。よく歩いている子どもは、フクラハギにも筋肉がついています。

② 片足でバランスが取れますか
　　脚を上げてキープする筋力が不足していることだけでなく、体幹を鍛えることによってバランスよく片足立ちすることができます。

③ スキップのリズムは感じられていますか。
　　片足で上に弾みながら2歩ずつ進みます。リズムは、「トーント」のくりかえしです。

　もし、リズムが掴みにくいようであれば、前へ進むスキップの前に、左右に動くギャロップ（サイド・ステップ）を試してみましょう。

すずめがちゅん

佐甲　慎　作詞作曲
木許　隆　編曲

背くらべ

海野　厚　作詞
中山晋平　作曲
木許　隆　編曲

演奏のポイント

　この曲の伴奏にある重音は、軽快に演奏しましょう。特に、3拍目が間延びしないように注意しましょう。

せっけんさん

まど・みちお　作詞
富永三郎　作曲
木許　隆　編曲

作曲者紹介　富永 三郎（とみながさぶろう：1916−1987）

　富永三郎は、東京都出身の作曲家・音楽教育者です。詩人・画家として活躍した長兄（太郎：1901−1925）、美術評論家として活躍した次兄（次郎：1909−1969）とともに、芸術に造詣の深い家庭で育ちました。大学卒業後、童謡や邦楽作品を中心に発表しますが、時代劇の映画音楽を数多く作曲しました。また、ヨーロッパへの留学を積極的に推奨した音楽家です。

子どもと生活　日本初のせっけん

　安土桃山時代（1573−1603）には、西洋からせっけんが伝わったと言われています。そして、1824年に蘭学者の宇田川玄真（うだがわげんしん：1770−1835）と宇田川榕菴（うだがわようあん：1798−1846）が、殺菌や消毒用の医薬品として日本でつくったという記録が残っています。

　また、1873 年には、堤磯右衛門（つつみいそえもん：1833−1891）が石鹸製造所を開設して、洗濯せっけんや化粧せっけんを製造しました。堤の技術は、福原有信（ふくはらありのぶ：1848−1924、資生堂の創業者）や長瀬富郎（ながせとみろう：1863−1911、花王の創業者）に引き継がれました。

世界がひとつになるまで

松井五郎　作詞
馬飼野康二　作曲
木許　隆　編曲

演奏のポイント

　この曲の伴奏にあるスラーは、滑らかに演奏しましょう。また、スラーの最後にある音は、力を抜いて演奏しましょう。

せみのうた

さとう・よしみ　作詞
中田喜直　作曲
木許　隆　編曲

演奏のポイント

　この曲は、4/4拍子で始まりますが、途中で2/4拍子に変わる部分が出てきます。楽譜の読み間違いには、十分注意しましょう。

ぞうさんのさんぽ

志摩　桂　作詞
デンマーク民謡
木許　隆　編曲

子どもと生活　H.C. アンデルセン（Hans Christian Andersen, 1805−1875）

　H.C. アンデルセンは、デンマーク出身の童話作家・詩人です。子どもから大人まで人気の高いアンデルセンの童話は、国際的に愛され評価されています。アンデルセンの父親は、靴職人として働いていましたが、いつも子どもに喜劇やアラビアン・ナイトを読み聞かせ、人形劇の舞台までつくるほどでした。父と母が離婚した後、アンデルセンはオペラ歌手を目指しますが、時期を同じくして創作活動にも力を注ぎます。そして、1835 年、イタリア各地を舞台にした長編小説『即興詩人（Improvisatoren）』を出版し、それが出世作となりました。その後、約 170 作品もの創作童話を発表しました。

77

そうだん

勝　承夫　作詞
平井康三郎　作曲
木許　隆　編曲

子どもと生活　ほう・れん・そう

　この言葉は、保育・教育現場をはじめ、さまざまな職場環境で用いられる言葉です。もともとは、「報告」、「連絡」、「相談」を略したものですが、事業家の山崎種二（やまざきたねじ：1893−1983）が提唱し、次男の山崎富治（やまざきとみじ：1925−2014年4月16日）が広めたと言われています。

　報告：仕事を任された（与えられた）者が、仕事の経過や結果などを知らせること。また、その内容。

　連絡：気持ちや考えなどを知らせること、情報などを互いに知らせること。また、その通知。

　相談：課題解決のために話し合ったり、周りの意見を聞いたりすること。また、その話し合い。

　また、職場などでは、自分の気持ちや考えを含まず、時系列で事実を話すことも大切なことです。

ソレ！はくしゅ

井出隆夫　作詞
福田和禾子　作曲
木許　隆　編曲

演奏のポイント

　この曲は、手拍子をしながらうたいます。手拍子が速くなったり遅くなったりしないよう注意しましょう。

子どもと生活　美しい拍手

　拍手には、美しい（正しい）拍手の仕方があります。そのポイントは三つあります。

① 　姿勢：身体はまっすぐにし、手首をフラフラさせないように打ちます。

② 　指先：指先（手）は上に向けて、胸のから顔の前までで叩きます。

③ 　速度：小さく速く叩くようにします。小刻みに叩くようにすることが大切です。

だから雨ふり

新沢としひこ　作詞
中川ひろたか　作曲
木許　隆　編曲

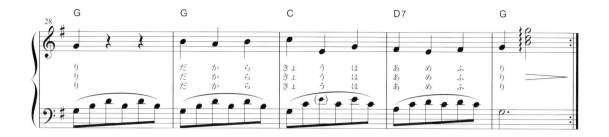

演奏のポイント

この曲の伴奏は、3拍目のテンポ感覚をしっかり持って演奏しましょう。特に、前半部分が間延びしないように注意しましょう。

たんたんたんぽぽ

戸 倉 ハ ル　作詞
小林つや江　作曲
木 許 　 隆　編曲

ポイント

この曲の歌詞に「ちょうちょ」とあります。漢字では、「蝶々（ちょうちょう）」と書きますが、うたいにくかったり言いにくかったりするため、音変化させた「ちょうちょ」としています。

作詞者紹介　戸倉 ハル（とくらはる：1896-1968）

戸倉ハルは、香川県出身の教育者です。幼児教育と体育を専門とし、「学校ダンスの第一人者」と言われています。東京女子高等師範学校（現：お茶の水女子大学）を卒業後、高知師範学校（現：高知大学）の教員として着任しますが、自身の研究のために東京へ戻ります。1964年の東京オリンピック開会式では、集団演技の全体指導を担当したことで有名です。

ちいさい秋みつけた

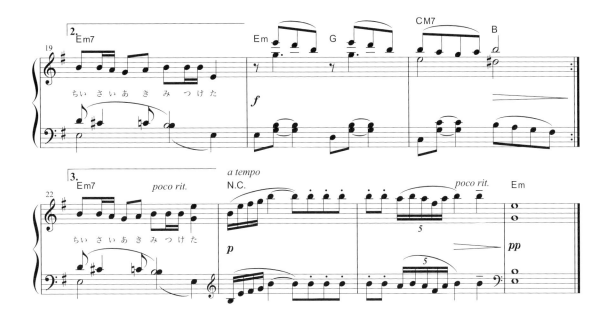

楽曲紹介　ちいさい秋みつけた

　この曲は、1955 年に NHK 特別番組「秋の祭典」の 1 曲として作曲され、童謡歌手の伴久美子（ばんくみこ：1942-1986）が歌いました。番組限定の曲として扱われ、レコード化されませんでした。しかし、1962 年にキングレコードの長田暁二（おさだぎょうじ：1930-）が合唱に最適な曲であると評価し、レコード化されました。また、同年、第 4 回日本レコード大賞童謡賞を受賞しました。さらに、文部省認定曲として小学校の教科書に掲載されるようになりました。

子どもと音楽　「やけど」と「サトウハチロー」

　サトウハチローは、3 歳の頃に熱湯を浴び、大やけどを負いました。そして、やけどは後遺症となりました。小学校時代は、母親に背負われて通学し、やけどの後遺症のせいで布団にうつ伏せになることが多かったようです。その後、創作活動や読書などを布団のなかで行なっていました。1 番の歌詞の「誰かさん」は、外で遊んでいる子どもの声を聞いたサトウが、子どもの遊んでいる様子を布団の上から伺っていた様子であると言われています。

- -

- -

- -

- -

- -

- -

地球はみんなのものなんだ

山川啓介 作詞
いずみたく 作曲
木許 隆 編曲

演奏のポイント

　この曲には、付点4分音符と16分音符を組み合わせたリズムが出てきます。リズムを正確に演奏しましょう。

子どもと音楽　地球上の生物を分類する

　生物の特徴は、それぞれが「種」と言われるグループを形成していることです。種の違いを確認して「学名」をつけることが、「分類」という作業になります。現在、分類されている種だけで、約200万種と言われています。

　生物の分類には、「界」、「門」、「綱」、「目」、「科」、「属」という枠組みがあります。私たちが単純に捉えることができる「植物と動物」の二界説（植物界、動物界）がありますが、現在の生物学の世界では、「モネラ界、原生生物界、植物界、菌界、動物界」の五界説が広く用いられているようです。

ちびっか・ぶーん

井 出 隆 夫　作詞
福田和禾子　作曲
木 許 　隆　編曲

セリフ：これは、みんなのように　ちっちゃなちっちゃなこどものか「ちびっか ぶーん」のお話です。

子どもと音楽　おかあさんといっしょ

　この番組は、1959 年 10 月から制作・放送されています。番組のコンセプトは、2 歳から 4 歳くらいの子どもを対象として、幼い子どもにふさわしい情緒や表現、言葉や身体などの発達を助けることをねらいとしています。また、進行役となるうたのおにいさんとおねえさん、たいそうのおにいさんとおねえさん、人形劇のメインキャラクターが、子どもとともに歌ったり、音楽に合わせて身体を動かしたりしながら楽しむ内容になっています。

茶摘み
（共通教材第3学年）

文部省唱歌
作詞・作曲者不詳
木許　隆　編曲

ポイント

　この曲をうたいながら、2人1組になって茶葉をつむ手あそびを楽しみましょう。

ちびっこカウボーイ

TOM TIRILIN TOM「ちびっこカウボーイ」
作曲：Antonietts Alexi CALDERONI　作詞：Vincenzo VERDUCI
日本語詞：阪田 寛夫
©2004 assigned to EDIZIONI SOUTHERN MUSIC srl.
 -Piazza del Liberty 2-20121 Milano,Italy
Rights for Japan assigned to SUISEISHA Music Publishers,Tokyo.

阪田 寛夫　作詞
A. カルデローニ　作曲
木許　隆　編曲

子どもと音楽　ゼッキーノ・ドーロ (Lo Zecchino d'Oro 1959-)

　ゼッキーノ・ドーロは、「子どものための歌を、子どもがうたい、子どもが審査する音楽コンクール」としてボローニャ市（イタリア）で行われています。「ちびっこカウボーイ」は、そのコンクールでよくうたわれる歌です。

ちびっこマーチ

保富康午 作詞
藤家虹二 作曲
木許 隆 編曲

作詞者紹介　保富 康午 （ほとみこうご：1930−1984）

　保富康午は、和歌山県出身の作詞家・放送作家です。幼少期を千里山（大阪府吹田市）で過ごし、同志社大学卒業後、詩人の村野四郎（むらのしろう：1901−1975）に弟子入りしました。しかし、保富の知人からミュージカルの台本を依頼されたことがきっかけとなり、テレビ番組の構成作家としてデビューしました。また、テレビアニメの主題歌などを作詞し、数多くの作品を残しました。

作曲者紹介　藤家 虹二 （ふじかこうじ：1933−2011）

　藤家虹二は、広島県出身のジャズクラリネット奏者・作曲家です。東京藝術大学在学中からジャズの演奏を行なっていましたが、クラシックでも 1956 年に毎日音楽コンクール管楽器部門で第 1 位となりました。また、B. グッドマン（Benny Goodman, 1909−1986）に傾倒し、スウィング・ジャズ専門で演奏活動を行いました。さらに、テレビドラマの劇中音楽や映画音楽も数多く作曲しました。

子どもと音楽　日清ちびっこのどじまん （フジテレビ）

　この番組は、1965−1969 年までフジテレビ系列で放送された歌謡番組です。全国各地で予選を行い、その様子をテレビ放送していた視聴者参加型番組です。そして、年 1 回行われるグランドチャンピオン大会で日本一になると、ピアノ、電子オルガン、テレビなど、豪華な賞品が与えられたそうです。また、数多くの「ちびっこソング」を紹介し、その中に「ちびっこマーチ」も含まれていました。

調子をそろえてクリック・クリック・クリック

音羽たかし　作詞
オーストラリア民謡
木許　隆　編曲

つき

文 部 省 唱 歌
作詞／作曲者不詳
木 許 隆 編曲

子どもと音楽　『尋常小學讀本唱歌』

　『尋常小學讀本唱歌』は、1911 年に発刊されました。この本に掲載された楽曲の著作権は、原則として文部省がもち、掲載された歌は、全て委員会の討議にかけられ完成しました。その結果、作詞者や作曲者の名前は明らかにされず、学校で教える唱歌は、「文部省唱歌」と言われるようになりました。

　また、同年、日本は「日韓併合」を行い、朝鮮半島を侵略することになります。そして、朝鮮半島では、言語、音楽など多くの文化が日本化しました。

ツッピンとびうお

中村千栄子　作詞
櫻井　順　作曲
木許　隆　編曲

ポイント

　この曲の5小節目から8小節目は、間奏としても用いられています。

演奏のポイント

　この曲は、4拍子の2拍目と4拍目に「Hand Clap（手拍子）」が指示されています。楽曲全体をとおして、2拍目と4拍目に手拍子を入れてうたうと、楽曲の楽しい雰囲気を表現することができるでしょう。

楽曲紹介　　ツッピンとびうお

　この曲は、1964年にNHKテレビ番組「うたのえほん」のためにつくられました。題名にある「ツッピン」は、魚が飛ぶ様子を擬音化したものです。また、「ツッ」は、魚が海中から飛び出た瞬間、「ピン」は、魚が身体を伸ばした様子を表しています。童謡としては珍しく、8ビートのリズムが曲の躍動感を効果的に表現しています。

作曲者紹介　　櫻井　順（さくらいじゅん：1934−）

　櫻井　順は、東京都出身の作曲家・作詞家です。慶應義塾大学卒業後、大手商社で働きながら、夜には演出家の三木鶏郎（みきとりろう：1914−1994）が主宰する「冗談工房」に音楽スタッフとして参加しました。また、大手商社で海外勤務を希望していましたが、その夢が叶わないことを知り、退社して音楽活動に専念しました。特に、CMの音楽を数多く作曲し、テレビで作品を聞かない日はないほどでした。

つばめになって

塚本章子 作詞
本多鉄麿 作曲
木許 隆 編曲

ポイント

　この曲の後奏では、ツバメが大空を飛ぶ様子を全身で表現しましょう。

つばめ

則武昭彦 作詞
安藤 孝 作曲
木許 隆 編曲

1.つ ば め の かあ さん すい すい すい
2.つ ば め の あか ちゃん ぴい ぴい ぴい

えお さき くち をを くな わら えべ てて すい ぴい すい ぴい すい ぴい

ポイント

　この曲の後奏では、母ツバメが飛ぶ様子と、子ツバメが母ツバメの帰りを待つ様子を表現しましょう。

つぼみの歌

江間章子　作詞
平井康三郎　作曲
木許　隆　編曲

作詞者紹介　江間 章子（えましょうこ：1913−2005）

　江間章子は、新潟県出身の詩人・作詞家です。唱歌の分野で数多くの作品を残していますが、1949年にNHK「ラジオ歌謡」で「夏の思い出」を発表し有名になりました。子どもの頃に母の実家がある岩手県で過ごした経験や、学生時代を静岡県で過ごした経験などから、全国各地の名所を題材にした詩が残っています。

手と手であいさつ

こやま峰子　作詞
加賀清孝　作曲
木許　隆　編曲

作詞者紹介　こやま峰子（こやまみねこ：1936年−）

　こやま峰子は、東京都出身の詩人・児童文学作家です。1990年にA.アルバーグ（Allan Ahlberg, 1938−）、J.アルバーグ（Janet Ahlberg, 1944−1994）作の『Peepo!』を翻訳し、『だ・あ・れ!?（アリス館）』として出版し有名になりました。また、1998年に日本童謡賞特別賞、2003年に第26回巖谷小波文芸賞を受賞するなど、数多くの賞を受賞しました。

作曲者紹介　加賀清孝（かがきよたか：1950−）

　加賀清孝は、北海道出身のオペラ歌手・童謡歌手・作曲家です。桐朋学園大学、東京藝術大学大学院を修了後、ボローニャ音楽院（イタリア）へ留学し研鑽をつみました。オペラでは、W.A.モーツァルト（Wolfgang Amadeus Mozart, 1756−1791）作曲「フィガロの結婚（Le Nozze di Figaro, K.492）」でデビューしました。また、演奏活動のかたわら独学で作曲を学び、オペレッタや子どもの歌を作曲しています。

子どもと生活　春の風を表す言葉

　春の風を表す言葉には、次のようなものがあります。

春風（はるかぜ）・東風（こち）・強東風（つよごち）・雲雀東風（ひばりごち）・梅東風（うめごち）・真東風（まごち）・鰆東風（さわらごち）・岩げ（いわげ）・鹿の角落し（しかのつのおとし）・貝寄風（かいよせ）・春一番（はるいちばん）・岩起（いわおこし）・涅槃西風（ねはんにし）・比良八荒（ひらはっこう）・桜まじ（さくらまじ）・日和南風（ひよりまじ）・鰹日和（かつおびより）・おぼせ・油風（あぶらかぜ）・春疾風（はるはやて）・春荒（しゅんこう）・ようず・したけ

てるてる坊主

浅原鏡村 作詞
中山晋平 作曲
木許 隆 編曲

楽曲紹介　てるてる坊主

　この曲は、少女雑誌『少女の友』1921年6月号に発表された童謡です。作詞者の浅原鏡村（あさはらきょうそん：1895－1977）が故郷の町へ歩いて行く前の日、松本城址（長野県）から山にかかる雲を見て、明日は晴れてくれるといいなと思ったことから、この童謡の着想を得たと言われています。また、1976年にイタリアで行われた国際児童音楽祭「第18回ゼッキノ・ドーロ（Lo Zecchino d'Oro）」（イタリア語訳：F. マレスカ（Franco Maresca, 1958－））でうたわれました。

てんとうむし

清水 あき　作詞
小林 つや江　作曲
木 許　隆　編曲

子どもと生活　虫（蟲・むし）

　「虫」という漢字は、ヘビをかたどった象形文字でした。また、「蟲」という漢字は、全ての生物をさしていました。「虫」と「蟲」は全く違った意味をもっていたということがわかります。そして、鳥は「羽蟲」、獣は「毛蟲」、魚は「鱗虫」、人間は「裸蟲」と表現されました。しかし、「蟲」の画数が多いことから「虫」と略して使われるようになりました。

子どもと生活　「てんとうむし」は幸せの印

　てんとうむしは、枝や葉の先端まで行き、行き場がなくなると上に飛び立つ習性をもっています。それを「お天道様に飛んで行った」と見立てて、漢字で「天道虫」と書くようになりました。その後、てんとうむしを見たり、てんとうむしが身体にとまったりすると、幸せが訪れると言われるようになりました。現在は、てんとうむしをモチーフにしたアクセサリーや小物がたくさんつくられています。

通りゃんせ

江戸時代童謡
本居長世 採譜
木許 隆 編曲

子どもと音楽　通りゃんせの歌詞

　この曲にうたわれている「天神様」は、三芳野天神（埼玉県川越市）だとする説があります。

　三芳野天神は、川越城の本丸にあり警護が大変厳しかったことで有名です。そして、「この子の七つのお祝いに（子どもの7歳のお宮参り）」と言えば道を通してもらえましたが、用が終わったあとの詰問が一層厳しく、「帰りはこわい」となったようです。また、三芳野天神の境内には、「わらべ唄発祥の所」という碑が建てられています。

どこかで春が

百田宗治 作詞
草川 信 作曲
木許 隆 編曲

作詞者紹介　百田 宗治（ももたそうじ：1893−1955）

　百田宗治は、大阪府出身の詩人・児童文学者・作詞家です。高等小学校を卒業後、独学でフランス語を学び、アメリカの W. ホイットマン（Walter Whitman, 1819−1892）やフランスの R. ロラン（Romain Rolland, 1866−1944）の影響を受けました。そして、人道主義的、民主主義的な詩を多く残しました。1918 年に創刊した『民衆』を機に、富田砕花（とみたさいか：1890−1984）や白鳥省吾（しろとりせいご：1890−1973）とともに民衆詩派の一員として数えられるようになりました。

ともだち讃歌

阪田寛夫 作詞
アメリカ民謡
木許 隆 編曲

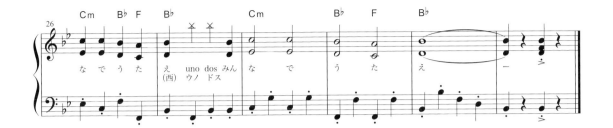

子どもと音楽　アメリカ音楽の父

　S. フォスター（Stephen Collins Foster, 1826−1864）は、アメリカの作曲家です。16歳で「窓を開け、恋人よ（Open Thy Lattice, Love）」を発表し、その後、約20年間で135曲のパーラー・ソング（家庭でうたう歌）と28曲のミンストレル・ソング（労働者階級のための歌）を発表しました。彼のメロディは、親しみやすくH.C. ワーク（Henry Clay Work, 1832−1884）の作品とならんでうたわれています。

どんぐり

戸倉ハル　作詞
小林つや江　作曲
木許　隆　編曲

子どもと生活　どんぐりで遊ぶ前に

　子どもが、拾ってきたどんぐりで遊ぶ姿を見かけます。しかし、そのどんぐりは、安全でしょうか。どんぐりで遊ぶ前に、どんぐりをきれいにしましょう。どんぐりを10−15分、煮沸消毒したりお湯に浸けておいたり、1週間程度、冷凍保存しておいたりすると良いでしょう。また、どんぐりに入りこんでいる虫には、十分注意しましょう。

どんなかたち

こわせ・たまみ　作詞
福田和禾子　作曲
木許　隆　編曲

演奏のポイント

この曲の伴奏にある重音は、軽快に演奏しましょう。特に、3拍目が間延びしないように注意しましょう。

仲よし小道

三苫やすし　作詞
河村光陽　作曲
木許　隆　編曲

作詞者紹介　三苫やすし （みとまやすし：1910−1949 年）

　三苫やすしは、福岡県出身の教員・童謡作詩家です。教壇に立ちながら詩作を続け、1939 年に雑誌『ズブヌレ雀』に投稿した「仲よし小道」が作曲家の河村光陽（かわむらこうよう：1897−1946）の目にとまりました。河村は、キングレコード専属作曲家であったため、すぐにレコード化されヒット曲となりました。歌詞の「とんとん板橋」は、郷里の福智川（福岡県田川郡福智町）にかかる小さな板橋の上で遊んだことを想像させます。

とんび
（共通教材第4学年）

葛原しげる　作詞
梁田　貞　作曲
木許　隆　編曲

演奏のポイント

　この曲の伴奏は、とんび（トビ）が上昇気流にのって輪を描きながら飛ぶ様子を表しています。スラーがついている部分は、ペダルを効果的に使うなどして、滑らかに演奏しましょう。

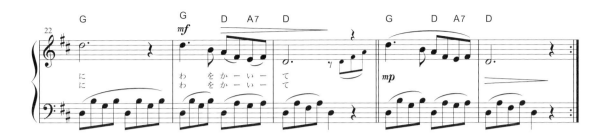

とんび
（教科書掲載の楽譜）

ないしょ話

結城よしを 作詞
山口保治 作曲
木許 隆 編曲

演奏のポイント

この曲は、音符の長さを正しく演奏することによって、曲の雰囲気をつくることができます。

210

ながぐつマーチ

上坪 マヤ 作詞
峯　陽 作曲
木許　隆 編曲

子どもと生活　長靴（ナガグツ・チョウカ）

　長靴は、もともと革（皮）でつくられていて、乗馬や防寒のために用いられていました。この場合、長靴（チョウカ）と読みます。現在では、ラバーなどさまざまな素材でつくられ、防水、耐油に優れたもの、安全性を重視したものなど、多くの場面で用いられています。

　日本では、1954年から製造されていますが、ファッションにも取り入れられ、ロングブーツとして注目されています。

野に咲く花のように

杉山政美　作詞
小林亜星　作曲
木許　隆　編曲

12

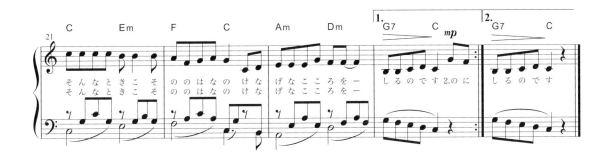

子どもと音楽　ダ・カーポ（DA CAPO）

　ダ・カーポは、久保田広子（くぼたひろこ：1950−）と榊原まさとし（さかきばらまさとし：1949−）が1973年に結成したフォークデュオです。1974年に発売された「結婚するって本当ですか（久保田広子作詞／榊原政敏 作曲）」がヒットし、その名前は広く知られるようになりました。ともに柔らかな声質と高い歌唱力で人気を博し、オリジナル曲、童謡・唱歌など幅広いレパートリーで高く評価されています。

なみとかいがら

まど・みちお　作詞
中田喜直　作曲
木許　隆　編曲

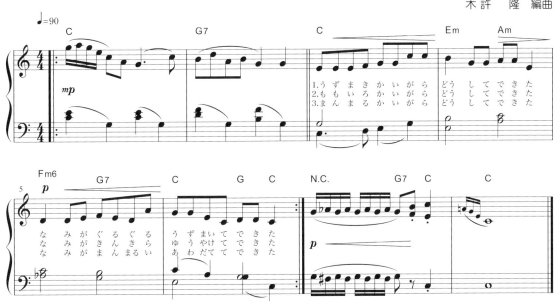

子どもと生活　潮干狩り

　潮干狩りは、古くから海岸で行われていました。今は少なくなりましたが、遠浅の砂浜で干潮になったときをねらって行われます。しかし、日本では、1901年に漁業法が公布され、それにもとづいて1902年に漁業組合規則・水産組合規則が公布されています。そのため、勝手に貝を採ったり、持ち帰ったりすることはできません。

はじめの一歩

新沢としひこ　作詞
中川ひろたか　作曲
木許　隆　編曲

演奏のポイント

この曲の伴奏は、1拍目と3拍目に重みを置いて演奏しましょう。

子どもと生活　卒園式

　卒園式は、幼稚園、保育園、こども園を修了するときに行われる儀式です。園での生活をとおして成長したことをほめ、新たな門出をお祝いするものです。子どもは、新しい生活に胸をふくらませる一方で、先生や友だちとお別れすることをさみしく思っていることでしょう。また、保護者にとっても、子どもの成長を感じられる特別な1日になります。

はたけのポルカ

峯　陽　作詞
ポーランド民謡
木許　隆　編曲

子どもと生活　小さな庭で野菜を育てる

　野菜は、場所、栽培方法、道具などによって栽培できる種類が変わります。まず、どこで栽培するか（場所、広さなど）、どんな土壌で栽培するか（露地栽培、プランターなど）を決め、子どもと小さな農園を楽しみましょう。また、育てやすいもの、狭いスペースでも栽培できるもの、たくさん収穫できるものなどバランスよく育てると楽しみも増えるでしょう。

216

鳩

文 部 省 唱 歌
作詞／作曲者不詳
木許　隆編曲

楽曲紹介　鳩

　この曲は、1911年に発行された『尋常小學唱歌（一）』に掲載されました。文部省唱歌として掲載されたため、現在もなお作詞者や作曲者を明らかにしていません。本来、家鳩のことを書いているため、「クウクウ」と鳴くはずですが、山鳩の声で「ポッポポッポ」と鳴いている部分がおかしいという意見も出ました。しかし、子どもから大人まで知らない人はいないほど有名な曲です。また、この曲と同時に掲載された曲に、「日の丸の旗」、「桃太郎」、「犬」などがあります。

子どもと生活　ハトの生活

　日本でよく見かけるハトは、カワラバト（ドバト）とキジバトです。朝は、日の出とともに行動をはじめ、餌を探しています。昼は、餌場が見える木の上や水たまりで水浴びをしながら過ごします。夜は、建物の軒下や橋の下などで休んでいます。普段の行動範囲は、20km程度と言われていますが、巣に戻るときには、500－1000kmもの距離を飛ぶと言われています。

　もともと、植物の種や実、穀物などを食べて生活しているため、カラスのように雑食ではありません。また、敵が少ない都会で生活しているハトも多く、10年程度生きるとされています。

鳩ぽっぽ

東　クメ　作詞
瀧廉太郎　作曲
木許　隆　編曲

演奏のポイント

　この曲に出てくる擬音語「ぽっぽ」は、言葉を短くうたいましょう。

楽曲紹介　　はとぽっぽ

　この曲は、1901 年に瀧廉太郎（たきれんたろう：1879−1903）が中心となって編集・発行した『幼稚園唱歌』に掲載されました。子どもが理解できるよう詩を口語体で書き、楽譜をつけた唱歌集として、当時では大変珍しいものでした。東京女子高等師範学校附属幼稚園（現：お茶の水女子大学附属幼稚園）の批評掛をしていた東　基吉（ひがしもときち：1872−1958）は、「子どもの生活感情に合っていて、子どもが楽しんでうたえる歌である」と絶賛しました。

花咲爺

石原和三郎　作詞
田村虎蔵　作曲
木許　隆　編曲

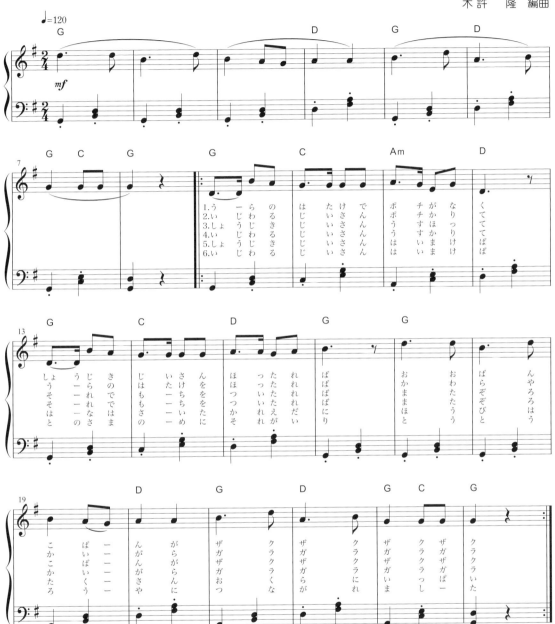

楽曲紹介　花咲爺

　この曲は、大正・昭和初期の子どもに教えられた文部省唱歌ではありません。しかし、「桃太郎」や「浦島太郎」などと同じように、江戸時代から子どもが馴染んできた昔話を歌にしたものです。歌詞は、口語体で書かれ、メロディも単純なもので、子どもがすぐに口ずさめる歌として広がりました。この曲のなかで犬を「ポチ」と言ったことから、「ポチ」が犬の代名詞のようになったと言われています。

花さき山

瀬戸口清文 作詞
作曲
木許 隆 編曲

ポイント

　この曲は、斎藤隆介（さいとうりゅうすけ：1917-1985）作、『花さき山』を参考にしてつくられました。

はなのおくにのきしゃぽっぽ

小 林 純 一　作詞
中 田 喜 直　作曲
木 許　　隆　編曲

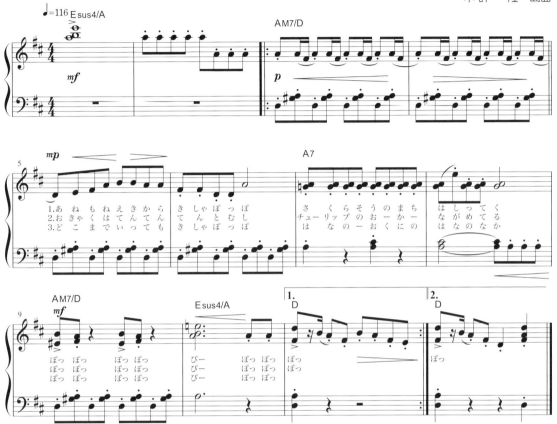

子どもと生活　小公子 (しょうこうし：Little Lord Fauntleroy, 1886)

　小林純一 (こばやしじゅんいち、1911−1982) が初めて翻訳にたずさわったのは、バーネット夫人 (Frances Eliza Hodgson Burnett, 1849−1924) 作の「小公子」でした。

子どもと生活　「小公子」あらすじ

　アメリカ生まれのセドリックは、母親と2人暮らしで、ホッブス (雑貨屋) やディック (靴磨き) と友だちです。ある日、イギリスの弁護士がセドリックのもとへやってきて、「セドリックの父は伯爵の三男で、母親と駆け落ちしました。伯爵の息子が全員亡くなり、あとつぎがセドリックしかいない。」と知らせます。セドリックは悩んだ末、イギリスへ旅立ちます。

　伯爵は、セドリックの母親を、息子をそそのかしたアメリカ人と嫌いましたが、セドリックをフォントルロイ卿として育てます。そして、セドリックの無邪気さや優しさは、伯爵の心を少しずつ動かします。

　ある日、伯爵の長男と結婚していたというミナが現れ、ミナの息子こそあとつぎだと主張します。伯爵は、セドリックとの違いに落胆します。その頃、アメリカのディックがミナの正体に気づきます。ミナは、ディックの兄と結婚していたのです。2人の友だちは、セドリックを助けるためにイギリスへ向かいます。

花のまわりで

江間章子　作詞
大津三郎　作曲
木許　隆　編曲

ポイント

　この曲のメロディの下にある音をうたうことによって、二部合唱となります。

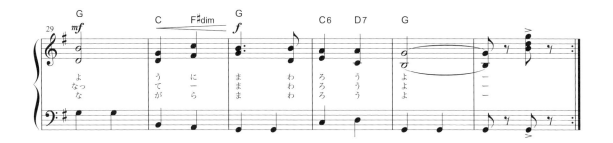

作曲者紹介　大津　三郎（おおつさぶろう：1892－1957）

　大津三郎は、新潟県出身のトロンボーン奏者・チェロ奏者です。18歳で海軍軍楽隊に入隊し、22歳から海軍省委託弦楽専修生として東京音楽学校（現：東京藝術大学）でチェロを学びました。その後、退役し、日本交響楽団にトロンボーン奏者として入団しました。また、日響内紛では、指揮者の近衛秀麿（このえひでまろ：1898－1973）について新交響楽団設立に加わりました。1926年には、宮沢賢治（みやざわけんじ 1896－1933）に3日間だけチェロを教えたという記録が残っています。

花火

井上　赳　作詞
下総皖一　作曲
木許　隆　編曲

早起き時計

富原　薫　作詞
河村光陽　作曲
木許　隆　編曲

演奏のポイント

　この曲に出てくる擬音語「チックタック」は、言葉を短くうたいましょう。

春が来た
（共通教材第2学年）

文 部 省 唱 歌
高 野 辰 之 作詞
岡 野 貞 一 作曲
木 許 　 隆 編曲

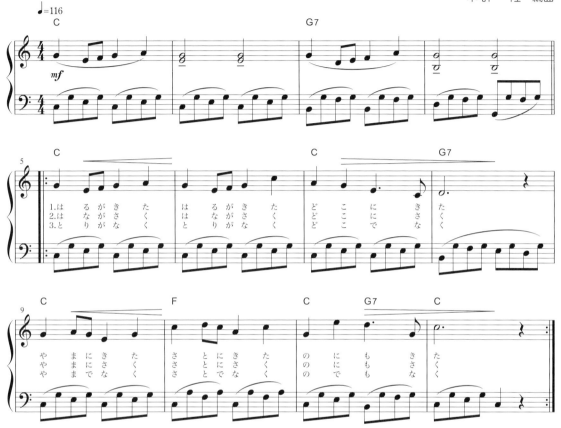

演奏のポイント

　この曲の伴奏は、アルベルティ・バスという伴奏法で書かれています。滑らかに演奏しましょう。

楽曲紹介　　春が来た

　この曲は、1910年発行の『尋常小學読本唱歌』に「春が來た」として掲載された後、1912年発行の『尋常小學唱歌（第三学年用）』に引き続き掲載されています。原曲は、ハ長調、4/4拍子で、1958年告示の「小学校学習指導要領」から現在まで第2学年の教材として取り上げられています。

子どもと音楽　　「春が来た」の評価

　子どもがうたいやすく、子どもから大人まで誰もが知っている歌であると言っても過言ではありません。しかし、春の気配が満ちあふれる感じが、単純なリズムのなかに躍動しているという評価と、歌詞のなかにある「春が来た・花がさく・鳥がなく」の部分に具体性を感じない、リフレインに新鮮さがないという評価に分かれます。どの観点で曲を感じるかはそれぞれですが、後者は、厳しい評価です。

春の小川
（共通教材第３学年）

文 部 省 唱 歌
高野辰之 作詞
岡野貞一 作曲
木 許 隆 編曲

春のかぜ

立原えりか　作詞
服部公一　作曲
木許　隆　編曲

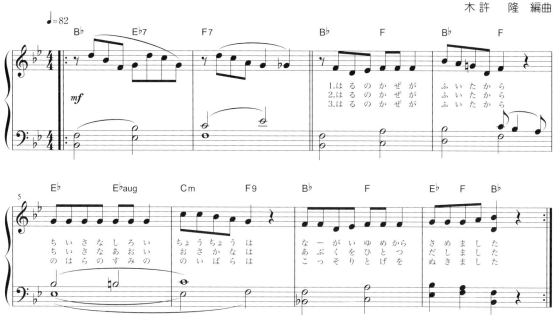

演奏のポイント

この曲は、テンポが速くなりすぎたり遅くなりすぎたりしないように注意しましょう。

春のまきば

阪田寛夫　作詞
市川都志春　作曲
木許　隆　編曲

227

春よ来い

相馬御風　作詞
弘田龍太郎　作曲
木許　隆　編曲

楽曲紹介　春よ来い

　この曲は、童話雑誌『金の鳥』1923年3月号の巻頭に楽譜をつけて発表されました。作詞者の相馬御風（そうまぎょふう：1883-1950）が、歩きはじめた長女をモデルに作詞したと言われています。また、作曲者の弘田龍太郎（ひろたりゅうたろう：1892-1952）は、楽譜に「あまり速くなく、ゆったりと愛らしく」という注意をつけています。

子どもと音楽　「春よ来い」に出てくる歌詞

・「じょじょ」：草履、ぞぞの幼児語　　　　・「おんも」：表、外の幼児語

ハンカチのうた

まど・みちお　作詞
中田喜直　作曲
木許　隆　編曲

子どもと生活　ハンカチとタオル

　ハンカチは、ハンカチーフ（handkerchief）の省略形です。その歴史は長く、紀元前 3000 年頃のエジプト文明の頃には、麻でつくられた布が用いられ、この時代の身分の高い人の持ち物であったと言われています。また、形が正方形になったのは、M. アントワネット（Marie-Antoinette-Josèphe-Jeanne de Habsbourg- Lorraine d'Autriche, 1755－1793）が規格統一したことに始まると言われています。日本では、もともと長方形のものを使っていましたが、明治維新以降、洋装が導入され正方形のものが普及したと言われています。

　タオル（towel）は、タオル地（テリータオル地）と言われるパイル構造の繊維をさします。用途によってさまざまな大きさのものがあります。1894 年に愛媛県の阿部平助（あべへいすけ：1852－1938）が、綿ネル製造機を改造し、タオル生産が開始されたと言われています。タオルは、吸水性や肌触りに特化するため、ハンカチに変わって家庭内で使われるようになりました。

229

パレード

新沢としひこ　作詞
中川ひろたか　作曲
木許　隆　編曲

パンダのごはん

阪田寛夫　作詞
大中　恩　作曲
木許　隆　編曲

1.パンダのあさごはんは
2.パンダのばんごはんも

ささささらさ
パンじゃないーさ
パンじゃないーさ

ねむいおめめに
さむいおしりに

ささらないでね
ちょいとしいてさ

ささささん

ピクニック

萩原英一　訳詞
イギリス民謡
木許　隆　編曲

おかをこえ　ゆこうよ　くちぶえふきつ　つ

子どもと音楽　ピクニックの原曲となった楽曲

　ピクニックの後半部分は、アフリカ系アメリカ人民謡 "She'll Be Coming 'Round the Mountain" がもとになっているといわれています。この曲は、1927 年にニューヨークで "She'll Be Comin' Round the Mountain" として出版されましたが、黒人霊歌 "When the Chariot Comes" をもとに登山家たちがつくった歌です。また、すでに 1890 年代にはアメリカ中西部の鉄道労働者の間でうたわれていたという記録も残っています。

子どもと音楽　ゴスペル音楽

　ゴスペル音楽は、アメリカ発祥の音楽です。もともと、キリスト教プロテスタント系の宗教音楽としてつくられたもので、感情を発してうたい、アフリカ音楽に見られるシンコペーションのリズムが特徴的な音楽です。そして、ピアニストの T.A. ドーシー（Thomas A.Dorsey, 1899−1993）が中心になり、白人の教会音楽や宗教音楽と黒人音楽を融合させたと言われています。

日のまる
（共通教材第１学年）

文部省唱歌
高野辰之　作詞
岡野貞一　作曲
木許　隆　編曲

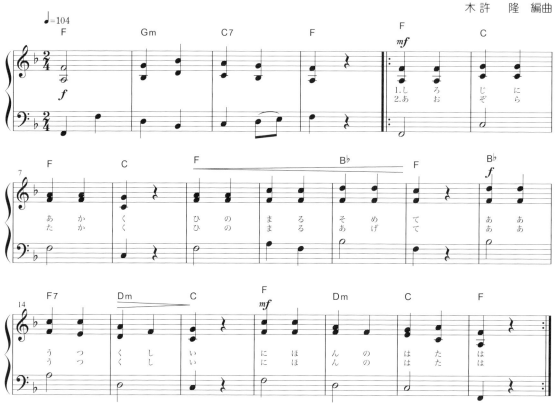

しろじにら
１.し　ろ　じ　に　ら
２.あ　お　じ　ぞ　に　ら
あかかく
あ　た　か　く
ひのままるそめげて
ひ　の　ま　ま　る　そ　あ　げ　て
ああ
あ　あ
ああ

うつくしいいにほんのははたはは
う　つ　く　し　い　い　に　ほ　ん　の　は　は　た　は　は

ひまわりさん

小春久一郎　作詞
中田喜直　作曲
木許　隆　編曲

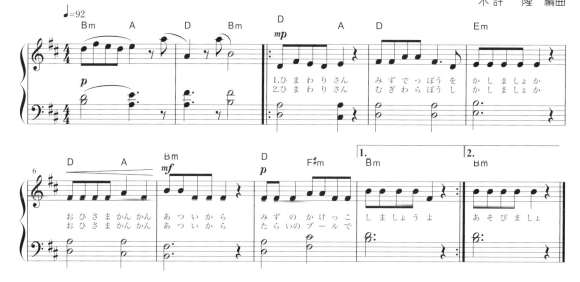

１.ひ　ま　わ　り　さ　ん　み　ず　で　っ　ぽ　う　を　か　し　ま　し　ょ　か
２.ひ　ま　わ　り　さ　ん　む　ぎ　わ　ら　ぼ　う　し　か　し　ま　し　ょ　か

おひさまかんかんあついからしましょうよ
お　ひ　さ　ま　か　ん　か　ん　あ　つ　い　か　ら　み　ず　の　か　け　っ　こ
お　ひ　さ　ま　か　ん　か　ん　あ　つ　い　か　ら　た　ら　い　の　プ　ー　ル　で
あそびましょ

234

ひらいたひらいた
（共通教材第1学年）

わらべうた
作詞・作曲者不詳
木許　隆　編曲

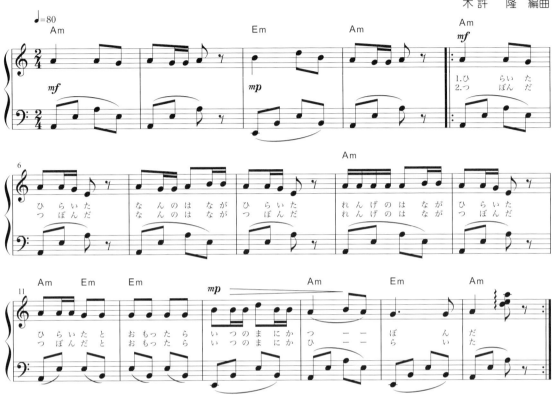

ふうせん

小池タミ子　作詞
中田喜直　作曲
木許　隆　編曲

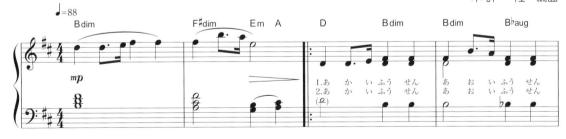

235

富士山
（共通教材第３学年）

文 部 省 唱 歌
巌 谷 小 波　作詞
作 曲 者 不 詳
木 許　隆　編曲

演奏のポイント

　この曲には、歌詞の母音で音（音程）が変わる部分が出てきます。また、促音（つまる音）が出てきます。
言葉をよく読み、自然な発音でうたいましょう。

ふじ山

（教科書掲載の楽譜）

楽曲紹介　富士山（ふじのやま）

　この曲は、1911 年発行の『尋常小學唱歌（第二学年用）』に「ふじの山」として掲載されています。原曲は、ニ長調、4/4 拍子で、1977 年告示の「小学校学習指導要領」から第 3 学年の共通教材としてハ長調で取り上げられています。

子どもと生活　富士山

　富士山は、日本一高い山です。姿の美しさから「麗峰」と言われたり、比較する山が無いという意味から「不二の山」と言われたりします。そして、『万葉集』の時代以前から神の山として仰がれてきました。近代に入ってからは、日本の象徴や大和民族のよりどころとして強調されてきました。

冬げしき

（共通教材第5学年）

文部省唱歌
作詞・作曲者不詳
木許　隆　編曲

楽曲紹介　冬景色

　この曲は、1913年発行の『尋常小学唱歌（第五学年用）』に「冬景色」として掲載されています。原曲は、ト長調、3/4拍子で、1947年告示の「学習指導要領音楽編（試案）」では、第5学年音楽教材一覧表にヘ長調で掲載され、現在まで取り上げられています。

冬げしき
（教科書掲載の楽譜）

1.さ　ぎ　り　す
2.か　ら　し
3.あ　ら　し

きなふ　ゆるきて　みきく　なにも　えかたは　のくち　ふひし　ねとぐ　ににはれ　しはふ　ろたり　しにて

あむひ　さぎをは　のしふれ　もむぬ　たげも　だにし　みこと　ずはもし　りびの　このも　えどれこ　ししず

てやば　いかそ　まえれ　だりと　さざわ　めきか　ずのじ　きはの　しものべ　えみさ　のもの　えゆと

子どもと音楽　「冬景色」の作詞者は誰

　この曲の作詞者や作曲者が不明となっているのは、当時の文部省が教科書を国の著作と考え、作者の名前を公表しなかったからです。

　この曲は、日本の冬の様子を「六五調」というユニークなリズムで捉えています。空間的には、漁村、農村、山麓の３場面、時間的には、朝、昼、夜の３場面で捉えています。歌詞は、文語体で古風な言葉と倒置法を用いて書かれています。このような、言葉のテクニックや文部省唱歌をつくったメンバーから、国語学者の金田一春彦（きんだいちはるひこ：1913−2004）は、「作詞を担当したのは、武島羽衣（たけしまはごろも：1872−1967）ではないか。」と推測しています。

子どもと生活　冬の昆虫

　冬の昆虫には、オビカレハのタマゴ、イラガのマユ、カマキリのタマゴ、テントウムシの冬越し、ミノムシ、キタテハの冬越し、カエルの冬越しなどがいます。

子どもと生活　冬の草花

　冬の草花には、サザンカ、ヤブコウジ、ピラカンサ、フクジュソウ、ナズナの冬越し、タンポポの冬越し、オニグルミの冬芽、サクラの冬芽、コブシの冬芽などがあります。

ふるさと
（共通教材第6学年）

文 部 省 唱 歌
高 野 辰 之 作詞
岡 野 貞 一 作曲
木 許 　 隆 編曲

楽曲紹介　故郷

　この曲は、1914年発行の『尋常小學唱歌（第六学年用）』に「故郷」として掲載されています。原曲は、ト長調、3/4拍子で、1958年告示の「小学校学習指導要領」から現在まで第6学年の教材としてへ長調で取り上げられています。

ふるさと
（教科書掲載の楽譜）

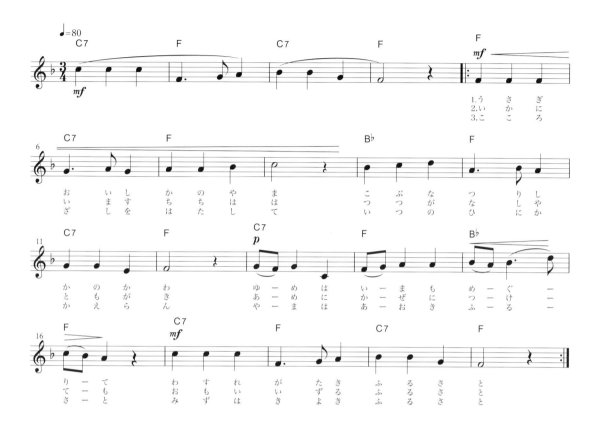

子どもと生活　高野辰之記念館

　この記念館は、国文学者の高野辰之（たかのたつゆき：1876−1947）が生まれ育った長野県中野市にあります。そして、勉強のために上京した高野と親がやりとりした手紙や楽譜、写真などが展示されています。また、記念館は、高野が教鞭をとった小学校の跡地に建てられ、「故郷」の歌詞に出てくる「かの山」を見ながら「かの川」のほとりを歩くことができるよう遊歩道も整備されています。

ヘイ！タンブリン

吉岡　治　作詞
湯山　昭　作曲
木許　隆　編曲

演奏のポイント

　この曲の歌詞に「ヘイ！」や擬音語「タン」、「パン」とあります。うたうと同時にタンブリンを打ってみましょう。

242

子どもと音楽　子どもの楽器あそび

① カスタネット

　　カスタネットは、スペインの栗の実「カスターニャ」を半分に割りくり抜いたもので、子どもが遊んだことからリズム楽器として発展しました。

② すず

　　すずは、「スレイ・ベル（ソリのすず）」とも言われます。複数のすずを持ち手につけて、打ったり振ったりしながら楽しむ楽器です。

③ マラカス

　　マラカスは、ヤシ科マラカの実の中をくり抜き乾燥させ、そのなかに乾燥させた小さな種などを入れてつくられた楽器です。

④ タンブリン

　　タンブリンは、太鼓の一種です。片面に膜を張った太鼓の枠にジングル（薄く小さいシンバル）をつけてつくられた楽器です。

ぼくらのロコモーション

坂田　修　作詞・作曲
木許　隆　編曲

ぼくらはみらいのたんけんたい

及川眠子 作詞
松本俊明 作曲
木許 隆 編曲

演奏のポイント

この曲の前奏や間奏にある和音は、ファンファーレをイメージして演奏しましょう。

作詞者紹介　及川 眠子（おいかわねこ：1960−）

　及川眠子は、和歌山県出身の作詞家です。中学校時代、音楽に携わる仕事に就きたいと思い、シンガーソングライターを目指しました。しかし、ギターが弾けなかったため夢をあきらめることになりました。1985年に「三菱ミニカ・マスコットソング・コンテスト」に応募した作品「パッシング・スルー」が応募総数36,785通の中から最優秀賞を受賞して、作詞家としての一歩を踏みだしました。

星がルンラン

村田さち子 作詞
藤家虹二 作曲
木許 隆 編曲

ポイント

　この曲は、メロディの音域が広くなっています。幼い子どもは、低音から高音までの音域をうたうことができません。子どもに無理をさせないように注意しましょう。

螢の光

稲垣千穎 作詞
スコットランド民謡
木許 隆 編曲

ポイント

この曲は、スコットランドの民謡（非公式な準国歌）「Auld Lang Syne」を原曲としています。

まんじゅうとにらめっこ

阪田寛夫　作詞
服部公一　作曲
木許　隆　編曲

演奏のポイント

　この曲に出てくる擬音語「うんうん」、「パクパク」は、言葉を短くうたいましょう。

子どもと生活　　古典落語「まんじゅうこわい」あらすじ

　暇をもてあました男が数名集まり、それぞれ嫌いなものや怖いものを言い合います。「クモ」、「ヘビ」、「アリ」などと言い合うと、1人の男が「いい若い者がくだらないものを怖がるとは情けない、世の中に怖いものなどあるものか」と言いました。ほかの男から「本当に怖いものはないのか」と聞かれると、男は「本当はある」と白状します。「では、何が嫌いなのか」と聞かれると、男は「まんじゅう」とつぶやき、「まんじゅうの話をしているだけで気分が悪くなった」と言い残して帰ってしまいました。

　残った男たちは、「あいつは気に食わん、まんじゅう攻めにして脅してやろう」と金を出し合い、まんじゅうを買って、男が寝ている家へ投げ込みました。目覚めた男は、「こんな怖いものは食べて無くしてしまおう、うますぎて怖い」と言いながらまんじゅうを全て食べてしまいます。一部始終を見ていた男たちは、男にだまされていたことに気づき、「本当に怖いものは何だ」と聞くと、「このへんで、濃いお茶が1杯怖い」と。

251

牧場の朝

（共通教材第4学年）

杉村楚人冠　作詞
船橋栄吉　作曲
木許　隆　編曲

ポイント

　この曲は、福島県岩瀬郡鏡石町の岩瀬牧場を舞台につくられたと言われています。岩瀬牧場は、現在、旧宮内庁御料牧場となっています。

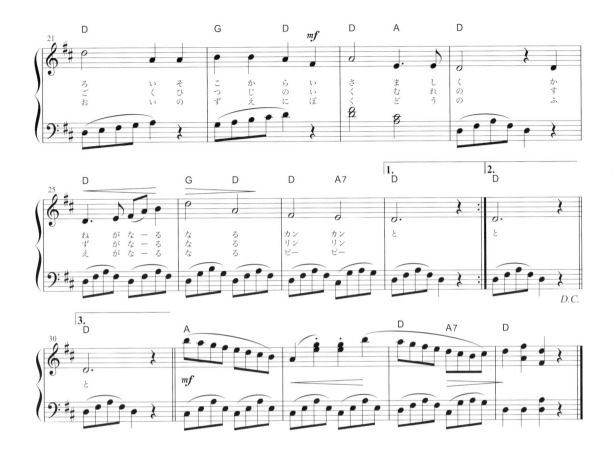

作詞者紹介　杉村楚人冠（すぎむらそじんかん：1872−1945）

　杉村楚人冠は、和歌山県出身の新聞記者・随筆家・俳人です。16歳で上京し英吉利法律学校（現：中央大学）邦語法律科で学びました。卒業後、新聞記者、英語の教員を経て在日アメリカ公使館の通訳となりました。1903年に英語力を生かして東京朝日新聞社に入社し、翻訳を担当しました。1904年にL.トルストイ（Lev Nikolayevich Tolstoy, 1828−1910）が日露戦争に反対してロンドン・タイムズに投稿した「日露戦争論」を全訳して有名になりました。

作曲者紹介　船橋　栄吉（ふなばしえいきち：1889−1932）

　船橋栄吉は、兵庫県出身の声楽家です。小学校卒業後、家業の旅館を手伝いながら独学し、教員免許を取得しました。その後、東京帝国大学事務局で給仕として働きながら、声楽家の外山国彦（とやまくにひこ：1885−1960）に師事し、東京音楽学校（現：東京藝術大学）予科に入学しました。当初はピアノを学びましたが、彼の歌声を聴いた三浦　環（みうらたまき：1884−1946）に声楽を勧められ、本科では声楽を専攻し、研究科では声楽とピアノを専攻しました。L.v.ベートーヴェン（Ludwig van Beethoven, 1770−1827）作曲「交響曲第9番（Sinfonie Nr. 9 d-moll Op. 125）」を日本初演したときには、ソリストとして活躍しました。

牧場の朝

（教科書掲載の楽譜）

楽曲紹介　牧場の朝

　この曲は、1932年発行の『新訂尋常小學唱歌（第四学年用）』に「牧場の朝」として掲載されています。原曲は、二長調、4/8拍子で、1947年告示の「学習指導要領音楽編（試案）」では、第5学年音楽教材一覧表に八長調、4/4拍子で掲載されています。そして、1989年告示の「小学校学習指導要領」から第4学年の共通教材として取り上げられています。

みつばちぶんぶん

小 林 純 一　作詞
細 谷 一 郎　作曲
木 許　隆　編曲

子どもと生活　ミツバチとノーベル賞

　ミツバチは、蜜源を見つけると仲間に蜜源の方向や距離を伝えるようです。蜜源が近い場合には、円形ダンス（身体を振りながら左右に交互に描く）を行い、蜜源が遠い場合には、8の字ダンス（尻を振りながら直進し右回りして元の位置へ戻る。再度、尻を振りながら直進し左回りして元の位置へ戻る。）を行います。このようなダンスコミュニケーションを発見した K.R.v. フリッシュ（Karl Ritter von Frisch, 1886-1982）、N. ティンバーゲン（Nikolaas Tinbergen, 1907-1988）、K.Z. ローレンツ（Konrad Zacharias Lorenz, 1903-1989）は、1973 年にノーベル生理学・医学賞を受賞しました。

みかんの花咲く丘

加藤省吾　作詞
海沼實　作曲
木許隆　編曲

演奏のポイント

　この曲は、6/8拍子です。音楽の流れを大切にして、ゆったりとした2拍子と捉えても良いでしょう。

256

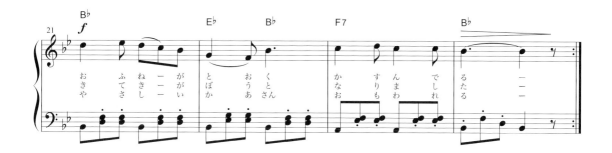

楽曲紹介　みかんの花咲く丘

　この曲は、1946 年 8 月 25 日に NHK ラジオ番組「空の劇場」で川田正子（かわたまさこ：1934－2006）が歌い、全国各地へ広まりました。その日は、NHK 本局と伊東市立西国民学校（静岡県）の二元放送が行われることになっていました。しかし、前日になっても曲は、完成しておらず、たまたま訪ねてきた加藤省吾（かとうしょうご：1914－2000）に海沼實（かいぬまみのる：1909－1971）が作詞を依頼し、完成したと言われています。

水たまり

松本久美　作詞
中田喜直　作曲
木許　隆　編曲

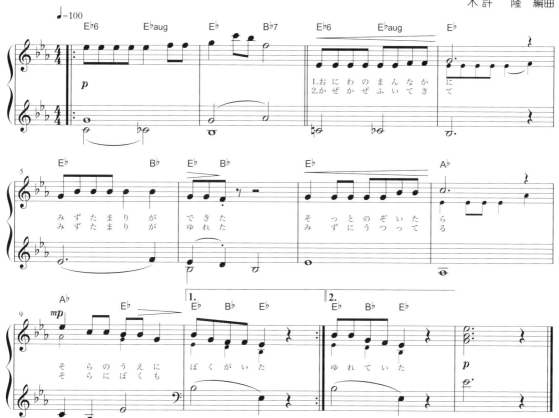

みどりのそよ風

清水かつら　作詞
草川　信　作曲
木許　隆　編曲

楽曲紹介　みどりのそよ風

　この曲は、1947 年に NHK から委嘱され、清水かつら（しみずかつら：1898 − 1951 年）が作詞し、草川信（1893−1948）が作曲してつくられました。春の光景を描いたのどかな歌詞と、明るく朗らかなメロディが特徴で、1948 年 1 月に NHK ラジオで発表されました。白子川（東京都から埼玉県を流れる荒川水系）を主題に作詞された八五調の定型詩で、まとまりある印象を与える楽曲です。

子どもと生活　詩の分類

①　定型詩

　　定型詩は、決まった音数で書かれた詩をさします。音数は、１行ずつの言葉の数をさし、七五調や五七調でなくても、音数を一定にしようとしている詩は、定型詩になります。

②　自由詩

　　自由詩は、自由な音数で書かれた詩をさします。音数は、ばらばらで、現代詩の多くが自由詩の型式をとっています。自由に言葉を並べることができ、自由な表現が可能になります。

③　散文詩

　　散文詩は、散文のように書かれた詩をさします。短い語句で改行せず、文章のように書かれます。

259

みんなともだち

中川ひろたか　作詞
　　　　　　　作曲
木許　隆　編曲

みんなの広場

村山恵子　作詞
多志賀　明　作曲
木許　隆　編曲

演奏のポイント

　この曲の歌詞には、動物の名前や鳴き声が出てきます。動物の名前を変えたり、鳴き声を想像したりしながら、歌詞を替えても問題はありません。

子どもと生活　　パネルシアター

　パネルシアターは、1973 年に浄土宗西光寺（東京都）の住職、古宇田亮順（こうだりょうじゅん：1937ー）によって創案されました。パネル布（日本不織布 3150 番など）を貼った舞台に P ペーパー（MBS テック 130 番・180 番など）や和紙でつくった絵や文字を貼ったり外したりして展開します。そして、話、歌、ゲームなどを子どもと楽しみながら、表現したり教育したりすることができます。また、ブラックライトをパネル全体にあて、蛍光インクで描かれた絵や文字を動かす「ブラックパネルシアター」や、幻灯機をパネル布の裏から投影する「影絵式パネルシアター」も開発されました。

　古宇田は、パネルシアターの利点について、動きがあり聴衆の興味を引き出し、集中力が持続するようになることや、登場人物などの整理がつくようになり、理解度が上がる手法であると言っています。さらに、古宇田は、この功績により 1981 年に正力松太郎賞を受賞しています。

村の鍛冶屋

文部省唱歌
作詞・作曲者不詳
木許　隆　編曲

楽曲紹介　村の鍛冶屋

　この曲は、労働の意義をたたえた歌です。文部省唱歌には、道徳を教えたもの、自然風景をうたったもの、国に尽くした人をたたえるものが多いなか、職人として自分の仕事に誇りをもち、「平和のうちもの」と言われる鎌や鍬をうちだす鍛冶屋をたたえた歌詞になっています。しかし、現在は、鍛冶屋を目にすることはなくなってしまっています。

　また、この曲は、1912年発行の「尋常小學唱歌（四）」に掲載されて以来、60年もの間、小学校で教えられてきましたが、1977年に告示された小学校学習指導要領では、共通教材から削除されました。

虫のこえ

（共通教材第2学年）

文部省唱歌
作詞・作曲者不詳
木許　隆　編曲

楽曲紹介　虫のこえ

　この曲は、1910年発行の『尋常小學讀本唱歌』に「蟲のこゑ」として掲載された後、1912（明治45）年発行の『尋常小學唱歌（第三学年用）』に引き続き掲載されています。原曲は、ニ長調、2/4拍子で、1989年告示の「小学校学習指導要領」から第2学年の共通教材としてハ長調で取り上げられています。

虫のこえ
（教科書掲載の楽譜）

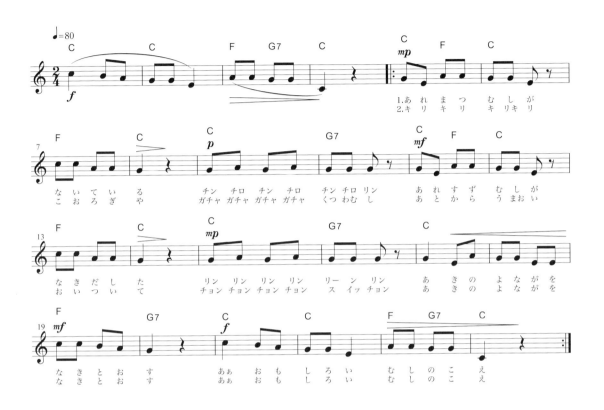

子どもと生活　国語の教材から唱歌の教材へ（『尋常小學讀本巻五（1903）』より）

だい十九　秋の野原

ある日曜日に、おまつは、姉のおすずと、野原へ、あそびに、行きました。野原には、いろいろの花がさきそろってゐて、たいそー、きれいでございました。

「ねえさん。きれいでございますね。はぎもさいてゐます。あれ。そこには、赤い花ときいろい花とがさいてゐます。あれはなんといふ花でございますか。」

「あの赤いのはなでしこといふ花で、きいろいのはをみなへしといふ花です。ここは、書も、こんなに、いろいろな花がさいてゐて、きれいなところですが、夜も、いろいろな虫がないて、たいそー、おもしろいところです。」

「それはなんといふ虫がなくのでございますか」

「すずむし、まつむし、くつわむし、すいとなどといふ、いろいろな虫がなくのです。すずむしはりんりんりん、まつむしはちんちろりん、くつわむしはがちゃがちゃ、すいとはすいっちょすいっちょと、なきます。」

「ねえさん。それでは、いつか、おとうさんにつれてきていただかうではございませんか。」

「あー。このごろは月夜ですから、あしたのばんにでも、つれてきていただきませう。」

ふたりは、しばらく、そこで、あそんで、うちに、かへりました。

265

虫歯建設株式会社

田中みほ 作詞
小杉保夫 作曲
木許 隆 編曲

演奏のポイント

　この曲は、ロック、4 ビート、8 ビートなど、伴奏のリズムがうつり変わります。リズム・パターンが変わる部分で、テンポが速くなったり遅くなったりしないように注意しましょう。また、強弱の指定がうつり変わります。強弱をしっかりとつけ、曲の雰囲気をつくりましょう。

村祭

もちつき

小林 純一　作詞
中田 喜直　作曲
木許　隆　編曲

1.も　ち　つ　き　ぺっ　たん　こ　そ　れ　つ　け　ぺっ　たん　こ　つ　い　た　ら
2.も　ち　つ　き　ぺっ　たん　こ　そ　れ　つ　け　ぺっ　たん　こ　つ　い　た　ら

の　ば　し　て　の　ー　し　も　ち　ぺっ　たん　こ　（ぺっ　たん　ぺっ　たん　ぺっ　たん　こ）
ま　ろ　ー　め　て　か　が　み　も　ち　ぺっ　たん　こ　（ぺっ　たん　ぺっ　たん　ぺっ　たん　こ）

演奏のポイント

　この曲の歌詞の最後に「（ぺったん、ぺったん、ぺったんこ）」とあります。この部分は、本来、後奏として演奏されますが、みんなでうたっても良いでしょう。

子どもと生活　お正月飾り

　お正月には、門松、しめ縄、鏡餅などさまざまな飾りものがあります。それらは、年神様を迎えるためのもので、新しい年に豊かな実りをもたらしてくれると言われています。そして、神様の居場所となるのが鏡餅です。神様は、豊かな実りをもたらしてくれるとともに、生きる力（魂）を分けてくださると考えられています。

子どもと生活　餅つき

　餅つきは、正月飾りと同じように縁起を担ぐようになりました。29 は「二重苦」につながることから餅つきをしない地域と、29 を「ふく」と読み、12 月 29 日についた餅を「福餅」と呼ぶ地域などさまざまです。さらに、正月飾りは 12 月 30 日までに飾るならわしがあります。

　ちなみに、家長が家族に分け与える「御年魂」から「お年玉」になっているようです。

もみじ
（共通教材第4学年）

文 部 省 唱 歌
高 野 辰 之 作詞
岡 野 貞 一 作曲
木 許 隆 編曲

ポイント

この曲には、カノン形式を用いた合唱として編曲されたものがあります。

桃太郎

作 詞 者 不 詳
岡野貞一 作曲
木許 隆 編曲

子どもと生活　日本五大昔話

　日本五大昔話は、室町時代後期から江戸時代初期にかけて成立した話をさします。

① 桃太郎　② かちかち山　③ 猿蟹合戦　④ 舌切り雀　⑤ 花咲爺

子どもと生活　「桃太郎」のパターン

　桃から生まれた桃太郎は、おじいさんとおばあさんに育てられ、鬼ヶ島へ鬼退治に出かけます。その道中、イヌ、サル、キジがきび団子をご褒美にもらって家来となります。鬼を退治し終えた桃太郎は、鬼の財宝を持って帰ります。桃太郎は、桃から生まれたとする「果生型」が一般的ですが、これは19世紀初旬にはじめてみられるものです。それまでの『草双紙』では、桃を食べたおじいさんとおばあさんが若返り、出産する「回春型」が主流でした。

やきいもほかほか

小林　純一　作詞
中田　喜直　作曲
木許　　隆　編曲

子どもと生活　ジャガイモ

　ジャガイモは、1598年にオランダ人が長崎へ持ち込んだと言われています。当時、ジャワ島のジャガトラ港（現：インドネシアの首都ジャカルタ）経由で長崎へ入港したため「ジャガトライモ」と言われていたそうです。そして、1706年には、北海道で栽培が始まったとされています。また、ジャガイモとして食べている部分は、「塊茎（地下の茎に養分を蓄えたもの）」と言われる部分です。

子どもと生活　サツマイモ

　サツマイモは、1600年頃に中国から琉球（現：沖縄県）から薩摩（現：鹿児島県）に広がり、栽培されました。そして、蘭学者の青木昆陽（あおきこんよう：1698-1769）によって広められました。また、サツマイモとして食べている部分は、「塊根（根に養分を蓄えたもの）」と言われる部分です。

子どもと生活　ヤキイモ

　ヤキイモは、1719年に京都で売られていたという記録が残っています。その記録は、儒学者の申維翰（しんゆはん：1681-1752）が書いた紀行文『海游録』にあり、当時の風土が整理されています。1735年には、小石川植物園（東京大学大学院理学系研究科附属植物園）で種イモ栽培が成功し、関東地方でも栽培されるようになりました。1793年には、本郷（東京都文京区）の木戸番が、冬のおやつとしてヤキイモを売るようになりました。

　明治時代になり、米より低価格で買うことのできるイモが、冬の主食となります。大正時代には、低価格の洋菓子が売られるようになり、おやつとしてのヤキイモの消費量は減少しました。また、1929年には、中国関西地方に伝わった「壺ヤキイモ」が人気になり、昭和初期には、「大学イモ」が人気になりました。

山のごちそう
（ホルディリアクック）

阪田寛夫 作詞
オーストリア民謡
木許 隆 編曲

子どもと音楽　ウィーン少年合唱団（Wiener Sängerknaben）

　ウィーン少年合唱団は、1498 年に神聖ローマ帝国の皇帝マクシミリアン1世（Maximilian I., 1459－1519）が、宮廷礼拝堂の少年聖歌隊としてつくった合唱団です。その団員は、もともとインスブルックのヴィルテン少年合唱団（Wiltener Sängerknaben）で活躍していました。そして、ウィーンの新宮廷礼拝堂少年聖歌隊を設立するときに、マクシミリアン1世がヴィルテン少年合唱団の団員をウィーンに連れてきたという歴史があります。

ヤンチャリカ

阿久　悠　作詞
小林亜星　作曲
木許　隆　編曲

演奏のポイント

　この曲の伴奏は、軽快に演奏しましょう。また、テンポが遅れないように注意しましょう。

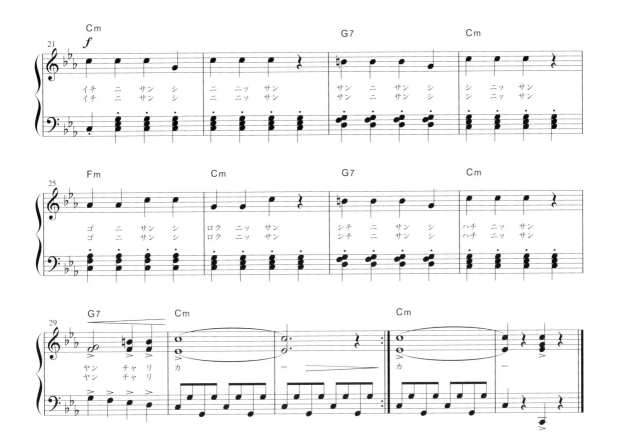

作詞者紹介　阿久　悠 （あくゆう：1937−2007）

　阿久　悠は、兵庫県出身の放送作家・詩人・作詞家です。1959 年に明治大学を卒業し、大手広告代理店へ就職しますが、映画の脚本を書きたいという夢を捨てきれず、脚本を書く会社へ移りました。仕事の合間に、仲間とギターを弾きながら CM ソングをつくったり、放送作家として活躍したりしました。そして、1965 年に独立し、ザ・スパイダースの「モンキーダンス」で作詞家デビューしました。生涯に作詞した曲は、5,000 曲以上で日本レコード大賞などさまざまな賞を受賞しました。

子どもと生活　わんぱく・やんちゃ・おてんば

　子どもには、子どもの様子をあらわすさまざまな言葉があります。まず、いたずらしたり暴れたりして、大人の言うことを聞かない子どものことを「わんぱく」と言います。これは、「関白」がなまってできたと言われています。そして、わがままを言ったり駄々をこねたりする子どものことを「やんちゃ」と言います。「やんちゃん」や「やにちゃ」と言われることもあります。また、周りを気にすることなく活発に動き回る女の子のことを「おてんば」と言います。これは、親不孝をあらわす「転婆」からできたと言われています。どの言葉も、子どもにとって「元気」を象徴する言葉です。

夕日

葛原しげる　作詞
室崎琴月　作曲
木許　隆　編曲

楽曲紹介　夕日

　この曲は、子どもの詩や作文などの投稿雑誌『白鳩』1921年10月号に発表された葛原しげる（くずはら しげる：1886-1961）の詩に、室崎琴月（むろざききんげつ：1891-1977）が曲をつけたものです。幼い子どもにも理解できる歌詞で、メロディも簡単につくられています。また、擬音のくりかえし部分で、手首を振りながら踊る振り付けが、幼児教育の場で用いられました。

夕焼小焼
（共通教材第2学年）

中村雨紅　作詞
草川　信　作曲
木許　隆　編曲

演奏のポイント

　演奏のポイント　冒頭の低音（C音）は、遠くから聞こえるお寺の鐘をイメージして演奏しましょう。

夕日が背中を押してくる

阪田寛夫　作詞
山本直純　作曲
木許　隆　編曲

夕方のお母さん

サトウハチロー　作詞
中田喜直　作曲
木許　隆　編曲

演奏のポイント

　前奏と後奏は、カナカナゼミ（ヒグラシ）が鳴くように演奏しましょう。

ゆかいな木きん

小林 純一 作詞
アメリカ民謡
木許 隆 編曲

子どもと音楽　アメリカ民謡

　アメリカは、もともと移民が多く、どこからアメリカにやってきたかによって、生活習慣や文化など
さまざまです。音楽も同様に、イギリスからやってきた「イギリス系アメリカ民謡」と、アフリカから
やってきた「アフリカ系アメリカ民謡」に分けられます。また、ハワイには、日本人が伝えたとされる
「ハワイ日系人民謡」があります。各民謡には、使われている楽器や音楽の流れなどに違いがあるものの，
現在では、その地域の人々に根づいたものとなっています。

ゆきのプレゼント

まど・みちお　作詞
小谷　肇　作曲
木許　隆　編曲

演奏のポイント

　前奏と後奏のクレッシェンドは、空から雪の粒が落ちてくることをイメージして演奏しましょう。

281

ゆかいに歩けば

保富康午 作詞
ドイツ民謡
木許 隆 編曲

子どもと音楽　NHK「みんなのうた」

　この番組は、1961年4月からラジオとテレビで放送開始されました。そして、「山口さんちのツトム君（みなみらんぼう作詞／作曲）」、「切手のないおくりもの（財津和夫作詞／作曲）」、「ビューティフル・ネーム（伊藤アキラ作詞／タケカワユキヒデ作曲）」「一円玉の旅がらす（荒木とよひさ作詞／弦哲也作曲）」、「WAになっておどろう（長万部太郎作詞／作曲）」というヒット曲が生まれました。特に、「山口さんちのツトム君」や「切手のないおくりもの」は、レコード化されミリオン・セラー（million seller：100万枚以上の売り上げ）となりました。

　また、第1回放送は、「おお牧場はみどり」でした。この曲は、スロバキアの民謡「Horela lipka, horela」のメロディを用いてつくられています。歌詞は、秋田県出身の牧師である中田羽後（なかだうご：1896−1974）が、アメリカ留学時代に知った「Ah, Lovely Meadows」をベースにつくったものです。

　「ゆかいに歩けば（原題：Der fröhliche Wanderer）」も、同番組で放送され有名になった曲です。1964年に放送され、ボニー・ジャックス（BONNY JACKS：1958−）と東京放送児童合唱団（現：NHK東京児童合唱団）がうたいました。

子どもと音楽　「ゆかいに歩けば」の原詩

Mein Vater war ein Wandersmann / Florenz Friedrich Sigismund

Mein Vater war ein Wandersmann, （私のお父さんはハイカーです）
　Und mir steckt's auch im Blut, （私もその血を引いています）
Drum wandr' ich flott so lang ich kann, （私は様々な場所へ行きます）
　Und schwenke meinen Hut. （そして、帽子を振ります）
　　Heidi! Heida! （かけごえ）
　Und schwenke meinen Hut. （帽子を振ります）

Faleri, falera, （かけごえ）
faleri, Falera ha ha ha ha ha
Faleri, falera,
und schwenke meinen Hut. （帽子を振ります）

ゆきってながぐつすきだって

香山美子 作詞
湯山 昭 作曲
木許 隆 編曲

演奏のポイント

　この曲に出てくる擬音語「ピョントン」、「キュッ」、「ククク…」、「パッポン」、「アッ」、「タタタ…」は、言葉を短くうたいましょう。

子どもと音楽　湯山　昭の「子どもの国」と「お菓子の世界」

　湯山　昭（ゆやまあきら：1932−）は、神奈川県出身の作曲家です。東京藝術大学在学中の 1953 年に毎日新聞社・日本放送協会（NHK）共催の音楽コンクール（現：日本音楽コンクール）で「ヴァイオリン小奏鳴曲」が第 1 位次席、1954 年の同コンクールで「弦楽四重奏曲」が第 2 位と連続入賞しました。

　1967 年 1 月から半年にわたり、『音楽の友（音楽之友社）』に「子どもの国（Children's Land）」全 20曲が連載され、同年 10 月に音楽之友社から発行されました。そして、1973 年 1 月から 1 年にわたり、「ゼンオン・ニュース（全音楽譜出版社）」に「お菓子の世界（Confections A Piano Sweet）」全 26 曲が連載され、翌年 5 月に全音楽譜出版社から発行されました。

　「子どもの国」には、以下の楽曲が収録されています。

・いいことがありそう！・ワルツ・赤い紙風船・星の国の物語・フランス人形・悲しい夢・童話・レーシングカー・あくび・ジャズ・ともだち・熱帯魚・ゴーカート・水たまりにうつった世界・ホップ ステップ ジャンプ・あつそうね ひまわりさん！・ティーカップ・宇宙ステーション・電子計算機（コンピューター）・なぞなぞ

　「お菓子の世界」には、以下の楽曲が収録されています。

・序曲（お菓子のベルト・コンベヤー）・シュー クリーム・バウムクーヘン・柿の種・ショートケーキ・ホット ケーキ・間奏曲（むしば）・ウエハース（子守歌）・ドロップス・チョコ バー・バースデー ケーキ・クッキー・間奏曲（どうしてふとるのかしら）・ヌガー・ソフトクリーム・ボンボン・鬼あられ・マロン グラッセ・間奏曲（くいしんぼう）・金平糖・プリン・ポップ コーン・チューインガム・甘納豆・ドーナツ・終曲（お菓子の行進曲）

ゆげのあさ

まど・みちお　作詞
宇賀神光利　作曲
木許　隆　編曲

子どもと音楽　湯気は個体？液体？気体？

　沸騰した水は、目に見えない水蒸気（気体）となって蒸発します。熱くなった水蒸気が周りの空気で冷やされ、温度が下がると気体から液体に戻ります。つまり、目に見える水滴状になったものが「湯気」です。気体の状態では、無色透明で白く見えることはありません。湯気は、細かい水滴の集まりで煙のように見えます。

ライオンのうた

峯　　陽　作詞
作曲
木許　隆　編曲

子どもと生活　　大型のネコ

① ライオン（Lion, Panthera leo）
　　野生のライオンは、サハラ沙漠より南のアフリカやインド北部に住んでいます。ネコ類では唯一、群れで生活し20年近く生きる動物です。シマウマやレイヨウなどを捕食します。

② ジャガー（Jaguar, Panthera onca）
　　野生のジャガーは、メキシコ北部からアルゼンチン北部に住んでいます。アメリカ大陸に分布する唯一のヒョウ属です。水中に住む魚やワニなども捕食します。

③ ヒョウ（Leopard, Panthera pardus）
　　野生のヒョウは、サハラ砂漠より南のアフリカ、南アジア、アラビアなどに住んでいます。夜行性で単独で生活します。小型のシカやレイヨウを主に捕食します。

④ トラ（Tiger, Panthera tigris）
　　野生のトラは、インド、ネパール、アムール、中国南部などに住んでいます。夜行性で森林に単独で生活します。シカ、イノシシ、カメなども捕食します。

⑤ チーター（Cheetah, Acinonyx jubatus）
　　野生のチーターは、サハラ砂漠より南のアフリカ、中近東、南アジアなどに住んでいます。日中、狩りをすることが多く、時速100km以上のスピードで走ることができます。

ロケットばびゅーん

吉岡　治　作詞
越部信義　作曲
木許　隆　編曲

子どもと生活　「宇宙旅行の父」と「ロケットの父」

　ロシア生まれの K. ツィオルコフスキー（Konstantin Eduardovich Tsiolkovsky, 1857−1935）は、ロケットで宇宙に行けることを計算し、液体燃料を積んだロケットを考案しました。このことから、K. ツィオルコフスキーは、「宇宙旅行の父」と言われています。その後、1926 年にアメリカの発明家 R.H. ゴダード（Robert Hutchings Goddard, 1882−1945）が、世界初のロケットを打ち上げました。このことから、R.H. ゴダードは、「ロケットの父」と言われています。

ワニのうた

上坪 マヤ 作詞
峯　　陽 作曲
木許 隆 編曲

子どもと生活　「おひめさまになったワニ」あらすじ

　王様とお妃様は、娘のコーラ姫の将来が心配で、良いところを探して育てるのではなく、厳しくしつけようと誓いました。7歳になったコーラ姫は、清潔であるために1日3回のお風呂に入り、むずかしい本だけ読まされます。そして、体力をつけるためにお城の地下をなわとびで何回も走らなければなりません。「犬を飼いたい」と言っても許してもらえず、コーラ姫は、妖精に助けを求める手紙を書きました。次の日、コーラ姫のところにやってきたのは、大きなワニでした。ワニがお城で騒動を起こしている間に、コーラ姫はお城を抜け出していきます。

子どもと生活　ワニを食べる

　ワニの革は、丈夫であることから、盾や甲冑（かっちゅう）などに用いられてきました。そして、カバンやベルトなど、多くの皮革加工を施されました。また、ワニの肉は、淡白で鶏肉のような食感をもつため、高蛋白低カロリーの健康食品として売り出されています。特に、キューバやオーストラリアでは、日常用の食材として、スーパーマーケットにワニ肉が並べられています。日本にも、2015年まで静岡県に食用ワニの養殖施設がありました。

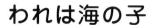

われは海の子
（共通教材第6学年）

文部省唱歌
宮原晃一郎 作詞
作曲者不詳
木許 隆 編曲

楽曲紹介　我は海の子

　この曲は、1910年発行の『尋常小學讀本唱歌』に「我は海の子」として掲載された後、1914年発行の『尋常小學唱歌（第六学年用）』に引き続き掲載されています。原曲は、変ホ長調、4/4拍子で、1958年告示の「小学校学習指導要領」から現在まで第6学年の教材として二長調で掲載され、第3節まで取り扱われています。

われは海の子
（教科書掲載の楽譜）

　宮原晃一郎（みやはらこういちろう：1882−1945）

　宮原晃一郎は、鹿児島県出身の児童文学者・英文学者・北欧文学者です。幼い頃から成績が優秀で、高等小学校（現在の中学校1−2年生）を飛び級で卒業します。20歳でキリスト教の洗礼を受け、牧師から英語を学びます。また、新聞記者として働きながら、多言語を学び、翻訳家となります。そして、ノルウェーの小説家 K. ハムスン（Knut Hamsun, 1859−1952）、S. ウンセット（Sigrid Undset, 1882−1949）や、スウェーデンの劇作家 J.A. ストリンドベリ（Johan August Strindberg, 1849−1912）の作品を日本語訳しました。さらに、児童雑誌『赤い鳥』に54篇もの作品を残しました。

子どもと音楽　中学校の共通教材

　小学校学習指導要領では、音楽科の歌唱共通教材として各学年に4曲ずつ指定し、その中から3曲以上を指導することになっています。中学校学習指導要領では、次の7曲の中から、各学年で1曲以上を学習することになっています。

・赤とんぼ（三木露風作詞・山田耕筰作曲）・荒城の月（土井晩翠作詞・滝廉太郎作曲）・早春賦（吉丸一昌作詞・中田　章作曲）・夏の思い出（江間章子作詞・中田喜直作曲）・花（武島羽衣作詞・滝廉太郎作曲）・花の街（江間章子作詞・團伊玖磨作曲）・浜辺の歌（林　古渓作詞・成田為三作曲）

わらいかわせみに話すなよ

サトウハチロー 作詞
中田喜直 作曲
木許 隆 編曲

参考文献

・文部省『小学校学習指導要領 音楽科編（試案）昭和 26 年改訂版』1951, 教育出版株式会社.

・日本児童文化学会『赤い鳥研究』1965, 小峰書店.

・文部省『小学校学習指導要領』1968, 大蔵省印刷局.

・増子とし『幼児のための 生活あそび』1973, フレーベル館.

・藤田圭雄『日本童謡史Ⅰ』1884, あかね書房.

・藤田圭雄『日本童謡史Ⅱ』1884, あかね書房.

・文部省『小学校学習指導要領 幼稚園教育要領』1989, 東洋館出版社.

・柴田南雄, 遠山一行ほか『ニューグローヴ 世界音楽大事典』1994, 講談社.

・早川史郎『みんなだいすき子どものうた 園のたのしい行事と生活のうた』1994, ATN.

・早川史郎『みんなだいすき子どものうた ゆかいななかま 動物のうた』1994, ATN.

・早川史郎『みんなだいすき子どものうた ゆかいにあそぼう リズムのうた』1994, ATN.

・井上武士『日本唱歌全集』1998, 音楽之友社.

・全音楽譜出版社出版部『日本童謡名歌 110 曲集 1』1998, 全音楽譜出版社.

・全音楽譜出版社出版部『日本童謡名歌 110 曲集 2』1998, 全音楽譜出版社.

・文部省『小学校学習指導要領』1998, 大蔵省印刷局.

・早川史郎『最新現代こどもの歌 1000 曲シリーズ 2 こどもと自然』1999, ATN.

・早川史郎『最新現代こどもの歌 1000 曲シリーズ 4 こどもの夢と生活』1999, ATN.

・早川史郎『最新現代こどもの歌 1000 曲シリーズ 5 すきなものなあに』1999, ATN.

・千谷順一郎『ニューワイド学研の図鑑 花』2000, 学研.

・早川史郎『最新現代こどもの歌 1000 曲シリーズ 1 こどもと動物』2000, ATN.

・早川史郎『最新現代こどもの歌 1000 曲シリーズ 6 とびだせリズム』2000, ATN.

・浅香 淳『新音楽辞典（人名)』2001, 音楽之友社.

・朝倉治彦ほか『事物起原事典』2001, 東京堂出版.

・早川史郎『最新現代こどもの歌 1000 曲シリーズ 3 こどもと行事』2001, ATN.

・浅香 淳『新音楽辞典（楽語)』2003, 音楽之友社.

・合田道人『案外、知らずに歌ってた 童謡の謎』2003, 祥伝社.

・湯山 昭『21 世紀のこどもとおとなに贈る 湯山昭 新選童謡歌曲集 おはなしゆびさん』2003, 全音楽譜出版社.

・井上和男『クラシック音楽作品名辞典（改訂版)』2004, 三省堂.

・合田道人『童謡なぞとき こんなに深い意味だった』2004, 祥伝社.

・合田道人『案外、知らずに歌ってた 童謡の謎 2』2004, 祥伝社.

・合田道人『案外、知らずに歌ってた 童謡の謎 3』2004, 祥伝社.

・下田和男『原典版 こどものうた（上)』2004, 共同音楽出版社.

・下田和男『原典版 こどものうた（下)』2004, 共同音楽出版社.

・横田憲一郎『教科書から消えた唱歌・童謡』2004, 扶桑社.

・上笙一郎『日本童謡事典』2005, 東京堂出版.

・KMP『うたってひける NHK おかあさんといっしょ』2005, KMP.

・今泉忠明ほか『ニューワイド学研の図鑑 動物のくらし』2006, 学研.

・大場達之ほか『ニューワイド学研の図鑑 増補改訂版・植物』2006, 学研.

・長田暁二『日本童謡名曲集』2006, 全音楽譜出版社.

・友国雅章『ニューワイド学研の図鑑 増補改訂版・昆虫』2006, 学研.

・藤井 旭『ニューワイド学研の図鑑 増補改訂版・星・星座』2006, 学研.

・岡島秀治ほか『ニューワイド学研の図鑑 生き物のくらし』2007, 学研.

・原口隆行ほか『ニューワイド学研の図鑑 増補改訂版・鉄道・船』2007, 学研.

・吉川 真『ニューワイド学研の図鑑 増補改訂版・宇宙』2007, 学研.

・音楽之友社『新訂 標準音楽辞典 第二版』2008, 音楽之友社.

・岡島秀治『ニューワイド学研の図鑑 増補改訂版・世界の昆虫』2009, 学研.

・小宮輝之『ニューワイド学研の図鑑 増補改訂版・鳥』2009, 学研.

・浅川 博ほか『音楽の 366 日話題事典』2010, 東京堂出版

・今泉忠明『ニューワイド学研の図鑑 増補改訂版・動物』2010, 学研.

・長田暁二『日本唱歌名曲集』2010, 全音楽譜出版社.

・NHK『もう一度聞きたい、歌いたい NHK みんなのうた アニバーサリー 50 楽譜集』2011, NHK 出版.

・小林美実『こどものうた 200』2011, チャイルド本社.

・小林美実『続 こどものうた 200』2011, チャイルド本社.

・初等科音楽教育研究会『最新 初等科音楽教育法（改訂版）小学校教員養成課程用』2011, 音楽之友社.

・今泉忠明『ニューワイド学研の図鑑 世界の危険生物』2010, 学研.

・KMP『うたってひける 子どもの世界』2012, KMP.

・全国大学音楽教育学会『明日へ歌い継ぐ日本の子どもの歌 唱歌童謡 140 年の歩み』2013, 音楽之友社.

・江﨑公子『唱歌大辞典』2017, 東京堂出版.

・厚生労働省『保育所保育指針（平成 29 年告示)』2017, フレーベル館.

・内閣府、文部科学省、厚生労働省『幼保連携型認定こども園教育・保育要領（平成 29 年告示)』2017, フレーベル館.』

・無藤 隆ほか『ここがポイント！3 法令ガイドブック 新しい「幼稚園教育要領」、「保育所保育指針」、「幼保連携型
認定こども園教育・保育要領」の理解のために』2017, フレーベル館.

・文部科学省『幼稚園教育要領（平成 29 年告示)』2017, フレーベル館.

・井手口彰典『童謡の百年 なぜ心のふるさとになったのか』2018, 筑摩書房.

・中村義裕『明治・大正・昭和・平成 芸能文化史事典』2019, 東京堂出版.

・長田暁二『童謡名曲事典』2020, 全音楽譜出版社.

・初等科音楽教育研究会『小学校教員養成課程用 改訂版 最新 初等科音楽教育法 2017 年告示「小学校学習指導要領」
準拠』2020, 音楽之友社.

うたのレパートリー
保育現場から小学校までうたいつなぐ歌230

2021 年 9 月 22 日　初版　第 1 刷　発行

監修・編著	木許　隆
発行者	圭文社
	小森　順子
	〒 112-0013　東京都文京区音羽 1-14-2
	電話　03-6265-0512
	http://www.kbunsha.jp/
楽譜浄書	アトリエ・ベアール
印刷	恵友印刷

JASRAC　出 2107030-101
ISBN978-4-87446-090-0　C1073